Teresa Resende Leiserowitz

PORTUGUÊS DINÂMICO

SÉCULO 21

Principiante - Intermediário - Adiantado

Foto capa e contra capa: Ângela Van Slyke

Ilustrações: Corel Draw 7

Teresa Resende Leiserowitz
Email:PortugueseExpert@houston.rr.com

2004 - First Edition
2007   - Second Edition

Library of Congress Registration number Txu1-156-215
Printed in the United States of America
by Booksurge
ISBN: # 1-59457-691-2

Agradecimentos

Agradeço ao meu marido Mark Leiserowitz, pelo apoio e estímulo.
A minha irmã Célia Resende, que tanto me ajudou nas minhas horas difíceis, me dando forças para continuar trabalhando neste livro. A minha sobrinha Júlia de Aquino, que quando morou um ano comigo, em Houston, me inspirou a criar a personagem Júlia deste livro. Ao meu irmão Carlos Resende, pelo apoio na minha formação, e Artur Resende que tantas saudades nos deixou.
Maricarmen Penick pela programação visual.
Tony e Simone Giles pela colaboração na contra capa.
E aos meus alunos que me inspiraram nos capítulos da família Lake, a partir de suas necessidades e experiências durante suas estadias no Brasil.

PORTUGUÊS DINÂMICO SÉCULO 21

ÍNDICE

ALFABETO

 A - aranha

 B - borboleta

 C - cachorro

 D - dinossauro

 E - elefante

 F - formiga

 G - gato

 H - hipopótamo

 I - ilha

 J - jacaré

 L - leão

 M - macaco

 N - nariz

 O - ovos

 P - pato

 Q - queijo

 R - rato

 S - sapo

 T - tatu

 U - urso

 V - vaca

 X - xícara

 Z - zero

Pronúncia

Português	Inglês
Sons sons	
A (**aba**cate)	(above)
Ã (ma**cã**,ir**mã**)	(lung)
E (**e**la, b**e**la)	(elbow)
E (m**e**sa, **ele**)	(education)
I (**i**lha, p**ia**,)	(bee,heat)
O (**ovo**, av**ô**)	(oven ,over)
O (av**ó**)	(law, paw)
U (l**u**va, **u**va)	(book, look)
Ai (p**ai**)	(eye, pie)
Ei (fal**ei**)	(bay, pay)
Au (**au**la)	(about, out)
Ou (p**ou**co)	(oh!)
Ua (l**ua**)	(while, wow)
Gui (**gui**tarra)	(geese)
Qui (es**qui**na)	(key)
Ch (**ch**ave, chá)	(sh, she)
Lh (mu**lh**er)	(lli)million
R (**ra**dio, **ri**o)	(h, hot)
rr (ca**rr**o)	(h, hot)
r (ca**r**o, cadei**r**a)	(r, rádio)

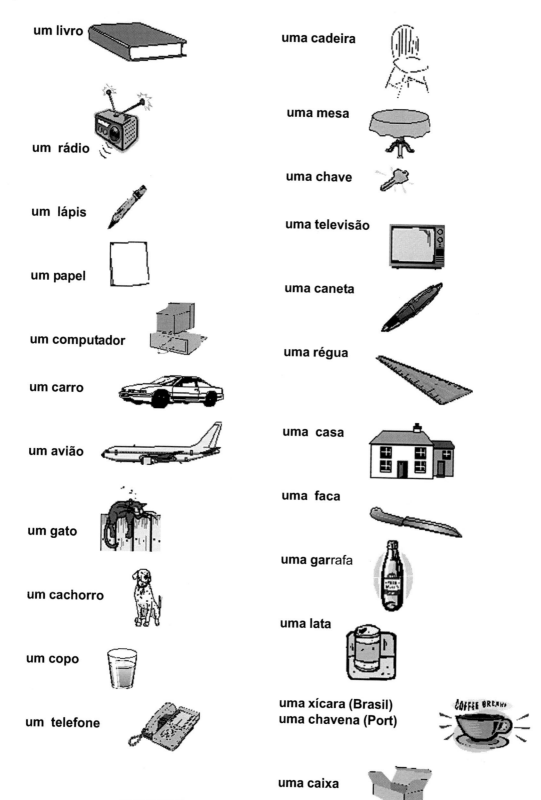

um livro

um rádio

um lápis

um papel

um computador

um carro

um avião

um gato

um cachorro

um copo

um telefone

uma cadeira

uma mesa

uma chave

uma televisão

uma caneta

uma régua

uma casa

uma faca

uma garrafa

uma lata

uma xícara (Brasil)
uma chavena (Port)

uma caixa

um sofá

um menino  uma menina

crianças

uma mulher   um homem

Artigos Definidos (the)

O - A
OS - AS

Artigos Indefinidos (a, an)

UM - UMA
UNS - UMAS

Complete com **um** ou **uma:**

_____ papel	_____ lápis
_____ caneta	_____ mesa
_____ sofá	_____ cadeira
_____ telefone	_____ gato
_____ cachorro	_____ caixa
_____ carro	_____ mala
_____ avião	_____ xícara
_____ régua	_____ chave
_____ computador	_____ rádio
_____ mulher	_____ homem
_____ menino	_____ menina
_____ criança	_____ faca

Complete com **o** ou **a:**

____casa	____ lápis
____caneta	____ mesa
____cadeira	____ livro
____computador	____ papel
____carro	____ avião
____chave	____ mala
____criança	____ menino
____menina	____ mulher
____homem	____ faca

Pronomes pessoais:
Eu - (I)
Você - (you)
Ele - (he)
Ela - (she)
Nós - (we)
Eles - (they)
Elas - (they)
Vocês - (you)

RESPONDA NA AFIRMATIVA COMO NO EXEMPLO:

1 - É um cachorro?
   Sim, é um cachorro.

2 - É um gato?
   Sim, _____.

3 - É um rádio?
   _____.

4 - É uma caneta?
   _____.

5 - É um copo?
   _____.

6 - É um avião?
   _____.

7 - É um livro?
   _____.

O que é? _____.

8 - É uma caixa?
   _____.

RESPONDA NA NEGATIVA COMO NO EXEMPLO:

1 - É um livro?
   Não é um livro.

2 - É uma garrafa?_____.

3 - É uma caixa? _____.

4 - É uma caneta? _____.

5 - É um lápis? _____.

6 - É um homem? _____.

7 - É uma mulher? _____.

8 - É uma criança?_____.

Apresentação

(formal)

Carlos - Bom dia, Ana!
Ana   - Bom dia, senhor Carlos!
Carlos - Como vai você?
Ana   - Eu vou bem. E o senhor?
Carlos - Eu vou muito bem, obrigado.
            Este é o Sr. Pedro.
Ana   - Muito prazer, Sr. Pedro.
Pedro - Igualmente.

(informal)

Mônica - Oi Marcos!
Marcos - Olá Mônica! Como está?
Mônica - Tudo bem, e você?
Marcos - Tudo legal! Márcia, esta é a Júlia.
Mônica - Oi, muito prazer!
Júlia   - O prazer é meu.

Bom Dia!
Boa Tarde!
Boa Noite!
Oi!
Tudo bem?
Até logo.
Até mais tarde.
Até outro dia.
Tchau.

SER (to be)

Eu sou brasileira.
Você é americano.
Ele é espanhol.
Ela é francesa.
Nós somos italianos.
Eles, elas são argentinos.

ESTAR (to be)

Eu estou no Brasil.
Você está nos Estados Unidos.
Ele está na Espanha.
Ela está na França.
Nós estamos na Itália.
Eles, elas estão na Argentina.

Ficar (to be for place)

Ex. O restaurante **fica** na Avenida Atlântica.
A escola **fica** na rua Augusta.
São Paulo **fica** no Brasil.
Paris **fica** na França.

Também (also)

Houston **fica** no Texas e Dallas, também.
São Paulo **fica** no Brasil e o Rio de Janeiro, também.
A França **fica** na Europa e a Espanha, também.

Mas (but)

Eu estou em casa, **mas** você está na escola.
Ela está em Nova York, **mas** ele está em São Paulo.
Eu não tenho um carro, **mas** Pedro tem.
A casa de Rosa é grande, **mas** a casa de Marcos é pequena.
O Brasil é grande, **mas** Portugal é pequeno.

Responda:

Onde fica Madrid?
Onde fica a Estátua da Liberdade?
Onde fica Roma?
Onde fica Veneza?
Onde fica Lisboa?
Onde fica Havana?
Onde fica Angola?
Onde fica o banheiro?
Onde fica a escola?

Quem (who)

Responda:

Quem é brasileiro/a?	Quem está na França?
Quem é americano/a?	Quem está no Brasil?
Quem é espanhol/a?	Quem está na Itália?
Quem é francês/a	Quem está nos Estados Unidos?
Quem é italiano/a?	Quem está na Argentina?
Quem é Argentino/a?	Quem está em Angola?
De onde você é?	Onde você está?

Diálogo:

- Júlia, este é meu amigo.
- Muito prazer.
- Muito prazer.
- Qual é o seu nome?
- Meu nome é Júlia, e o seu?
- Meu nome é Rodrigo.
- O que você faz, Rodrigo?
- Eu sou surfista, e você Júlia?
- Eu sou estudante de jornalismo, e trabalho numa revista.
- Onde você mora, Júlia?
- Eu moro na Lagoa, e você?
- Eu moro no Leblon.
- Muito prazer Rodrigo.
- Igualmente.

Vocabulário:

Morar - (to live)
Trabalhar - (to work)
Revista - (magazine)
O que você faz? (What do you do?)
Amigo - (friend)

Adjetivos:

Grande - (big)
Pequeno/a - (small)
Bom (masc)/ boa (fem) - (good)
Mau (masc) / má (fem) / ruim (neutro) - (bad)
Caro/a - (expensive)
Barato/a - (cheap)
Limpo/a - (clean)
Sujo/ a - (dirty)

O Brasil é grande.	Portugal é pequeno.
O vinho francês é bom.	A cerveja alemã é boa.
O menino é mau.	O menino é ruim.
Ela é uma menina má.	Ela é uma menina ruim.
O carro Mercedes é caro.	Um lápis é barato.
A água está limpa.	A rua está suja.

Contração da preposição **em**
Com artigo **o**

EM
EM + O = NO
EM + A = NA

(O Brasil) Eu estou no Brasil.
(A França) Ela está na França.

Não se usa artigo antes de cidades, então não há contração, com exceção do "Rio de Janeiro".

Ele está em Paris. Paris fica na França.	Ela está no Rio de Janeiro.
Nós estamos nos Estados Unidos.	Você está em Nova York.
Eles estão na Itália.	Maria está na Espanha.
Pedro está no México.	Paulo está na África.

Exceções

Portugal, Cuba, Israel, Porto Rico, Mônaco
Não se usa artigos nestes países, logo não haverá contração.

Lisboa fica em Portugal. Ele está em Cuba. Havana fica em Cuba.
Você está em Israel.

Números

1 - um, uma
2 - dois, duas
3 - três
4 - quatro
5 - cinco
6 - seis
7 - sete
8 - oito
9 - nove
10 - dez
11 - onze
12 - doze
13 - treze
14 - quatorze
15 - quinze
16 - dezesseis
17 - dezessete
18 - dezoito
19 - dezenove
20 - vinte
21 - vinte e um
22 - vinte e dois
30 - trinta
40 - quarenta
50 - cinqüenta
60 - sessenta
70 - setenta
80 - oitenta
90 - noventa
100 - cem
101 - cento e um
102 - cento e dois
110 - cento e dez
115 - cento e quinze
120 - cento e vinte
125 - cento e vinte e cinco
130 - cento e trinta
140 - cento e quarenta
150 - cento e cinqüenta
160 - cento e sessenta
170 - cento e setenta
180 - cento e oitenta
190 - cento e noventa
199 - cento e noventa e nove

Escreva os números:

20 - vinte
4 - _____
17 - _____
3 - _____
33 - _____
46 - _____
57 - _____
66 - _____
115 - _____
102 - _____
150 - _____

+ mais   - menos   ÷ dividir
x multiplicar   = igual

3 + 2 = cinco
15 + 3 = _____
3 - 2 = _____
20 : 2 = _____
6 x 2 = _____

Escreva como no exemplo:
20 + 20 = quarenta
30 + 20 = _____
30 + 30 = _____
40 + 30 = _____
25 + 30 = _____
40 + 46 = _____

Responda na afirmativa;como no exemplo:

Ex.Você é americano?
Sim, eu sou americano.

1-Você é aluno?
R:_____.
2-Você é dos Estados Unidos?

_____.

3-Ela é brasileira?

_____.

4- Nós somos estudantes?

_____.

5- Você está em casa?

_____.

6- Ele está no Brasil?

_____.

7- Ela está no Rio de Janeiro?

_____.

8- O Brasil é grande?

_____.

Responda na negativa como no exemplo:

Ex: Você é brasileiro/a?
Não, eu não sou brasileiro/a?

1 - Você é brasileiro? _____.
2 - Você é do Rio de Janeiro?_____.
3 - Ele é bom ? _____.
4 - Júlia está no Japão? _____.
5 - Nós estamos na China? _____.
6 - Júlia é francesa? _____.
7 - André é italiano? _____.
8 - Você é professor ? _____.
9 - Você está em Portugal? _____.
10 - Você está em Cuba? _____.
11 - Você está em Israel? _____.
12 - Eles são brasileiros? _____.

Complete com **ser** ou **estar**

1 - Eu _____ Teresa. Eu _____ no Brasil.
2 - Ela _____ brasileira. Ela _____ no Brasil.
3 - O copo _____ na mesa.
4 - A mesa _____ grande.
5 - O lápis _____ pequeno.
6 - O lápis _____ na cadeira.
7 - Ela _____ brasileira.
8 - Ele _____ francês.
9 - Nós _____ estudantes.
10 - Ele _____ americano.
11 - Eu _____ italiana.
12 - Eu _____ na Itália.
13 - Eles _____ colombianos, mas eles não _____ na Colombia.

Complete com: **em, no, na, nos**

1 - Roma fica _____ Itália.
2 - Los Angeles fica _____ Califórnia.
3 - Lisboa fica _____ Portugal.
4 - Maria está _____ Cuba.
5 - Pedro está _____ Japão.
6 - Eles estão _____ Estados Unidos.
7 - Londres fica _____ Inglaterra.
8 - Maria está _____ Rio de Janeiro.
9 - Eu estou _____ México.
10 - Você está _____ Brasil.
11 - Ela está _____ Espanha.
12 - Houston fica _____ Texas.
13 - Paris fica _____ França.
14 - Jean está _____ Paris.
15 - O Sr. Smith está _____ Berlim.
16 - André está _____ avião.
17 - O livro está _____ mesa.
18 - A água está _____ garrafa.
19 - A caneta está _____ caixa.
20 - A caixa está _____ carro.
21 - O papel está _____ cadeira.
22 - O cachorro está _____ sofá.
23 - O gato também está _____ sofá.
24 - Ela está _____ banheiro.

Complete com **em, no, na; como no exemplo:**

1 - Eu moro _no_ Leblon.
2 - Nós moramos _____ Rio de Janeiro.
3 - Ela mora _____ Venezuela.
4 - Você mora _____ Israel.
5 - Ele mora _____ Lagoa.

Números até 1000

100 - cem
200 - duzentos
300 - trezentos
400 - quatrocentos
500 - quinhentos
600 - seiscentos
700 - setecentos
800 - oitocentos
900 - novecentos
1000 - mil

Que número é:

Quanto é:

1998 - mil novecentos e noventa e oito

20+23 = quarenta e três

2467 - _____

23 – 3 = _____

3987 - _____

2 x 4 = _____

4674 - _____

10 :2 = _____

99876 - _____

43+32 = _____

8989 - _____

15+10 = _____

5555 - _____

55+ 5 = _____

3926 - _____

18 – 3 = _____

10015 - _____

6 – 6 = _____

15067 - _____

98 – 7 = _____

1947 - _____

10 x 5 = _____

11234 - _____

5 x 4 = _____

24908 - _____

4 x 4 = _____

19456 - _____

20 :5 = _____

2215 - _____

30 : 3 = _____

3405 - _____

50 : 2 = _____

7350 - _____

8130 - _____

1500 - _____

NUMERAIS CARDINAIS	NUMERAIS ORDINAIS	FRACIONÁRIOS
1	Primeiro - 1º	-
2	Segundo - 2º	meio - 1/2
3	Terceiro	terço
4	Quarto	quarto
5	Quinto	quinto
6	Sexto	sexto
7	Sétimo	sétimo
8	Oitavo	oitavo
9	Nono	nono
10	Décimo	décimo
11	Décimo primeiro	onze avos
12	Décimo Segundo	doze avos
13	Décimo terceiro	treze avos
14	Décimo quarto	catorze avos
15	Décimo quinto	quinze avos
16	Décimo sexto	dezesseis avos
17	Décimo sétimo	dezessete avos
18	Décimo oitavo	dezoito avos
19	Décimo nono	dezenove avos
20	Vigésimo	vinte avos
30	Trigésimo	trinta avos
40	Quadragésimo	quarenta avos
50	Qüinquagésimo	cinqüenta avos
60	Sexagésimo	sessenta avos
70	Septuagésimo	setenta avos
80	Octogésimo	oitenta avos
90	Nonagésimo	noventa avos
100	Centésimo	
1000	Milésimo	

Pronomes Possessivos

Masculino	**Feminino**
Meu/s	Minha/s
Seu/s	Sua/s
Nosso/s	Nossa/s
Dele/s	Dela/s

Meu carro, meu cachorro, meu computador, meu amigo, minha amiga, minha secretária, minha gata, nossa casa, nosso apartamento, a casa dele, o carro dela.

- Meu nome é Rosa, e o seu?

- Meu nome é Luís.

- Meu carro é americano, e o seu?

- Meu carro é japonês.

- Minha caneta é preta, e a sua?

- Minha caneta é azul.

- Minha casa é pequena, e a sua?

- A minha é grande.

Nossa casa é grande.

Nosso escritório é grande.

O carro dele é grande.

O carro dela é pequeno.

Complete com os pronomes possessivos; como no exemplo:

Meu__ (eu) carro é branco, e o (você) _seu_ é amarelo.

_____ (você) escritório é grande, e o (eu) _____ é pequeno.

_____ (eu) caneta é azul, e a (você) _____ é vermelha.

_____ (eu) casa é pequena, e a (você) _____ ?

O carro_____ (Maria) é grande.

O apartamento _____ (Pedro) fica em Copacabana.

_____ (eu) país é o Brasil, e o seu?

A casa branca é (de Maria) _____.

A casa (de Maria) _____ é bonita.

Júlia é filha de Célia.

Júlia é filha _____.

Eu tenho uma caneta vermelha.

De Quem é a caneta vermelha? É _____.

Complete com o pronome possessivo como no exemplo:

Ex.(**Eu**) <u>meu</u> carro

   (**Rosa**) O carro _____

   (**você**) _____ casa

   (**nós**) _____ gato

   (**eu**) _____ caneta

   (**você**) _____ telefone

Cores

Branco - (white)

Preto - (black)

Azul - (blue)

verde - (green)

amarelo - (yellow)

vermelho - (red)

cinza - (grey)

marrom - (brown)

O papel é branco.

O lápis é preto.

O céu é azul.

A folha é verde.

O sol é amarelo.

O fogo é vermelho.

O computador é cinza.

Responda:

Que cor é sua caneta?

Que cor é seu livro?

Que cor é sua casa?

Que cor é seu carro?

Que cor é seu cachorro?

Que cor é seu gato?

Que cor é sua mesa?

Que cor é seu lápis?

Família

Mary Lake é esposa de John Lake.
Jonh Lake é marido de Mary Lake. Eles são casados e têm 2 filhos: Júlia e Daniel.
Mary é a mãe de Júlia e Daniel, e Jonh é o pai. Júlia é irmã de Daniel, e Daniel é
irmão de Júlia. Daniel e Júlia não são casados, eles são solteiros.

Vocabulário:

filhos - (children, kids)
filha - (daughter)
filho - (son)
irmão- (brother)
irmã - (sister)
pai - (father)
mãe - (mother)
solteiro/ a - (single)
casado - (married)

John Lake

Mary Lake

Verbo **Ter** = (to have)

Júlia

Daniel

Eu tenho
Você tem
Ele tem
Ela tem
Nós temos
Eles, elas, vocês têm

Responda:

1- Você é solteiro ou casado? _____.
2- Você tem filhos? _____.
3- Quantos filhos você tem? _____.
4- Você tem irmãos? Irmãs? _____.
5-Quantos irmãos você tem? _____.
6-Mary é casada? Com quem? _____.
7-Eles têm filhos? _____.
8-Quantos filhos eles têm? _____.
9-Qual o nome dos filhos deles? _____.

Mary é casada com John.

Quem é casada com John?

John é casado com Mary.

Quem é casado com Mary?

Júlia é filha de Mary e John.

De quem Júlia é filha?

Mary e Jonh são os pais de Daniel.

Quem são os pais de Daniel?

Júlia é irmã de Daniel.

Quem é irmã de Daniel?

Daniel é irmão de Júlia.

Quem é irmão de Júlia?

Quem é John? _____.

Quem é Mary? _____.

Quem é Júlia? _____.

Quem é Daniel? _____.

Júlia está na escola.

Onde Júlia está?

Daniel está em Dallas.

Onde Daniel está?

Mary está no escritório.

Onde Mary está?

John também está no escritório.

Onde John está?

Responda na negativa:

Júlia está no restaurante? _____.

Daniel está em Houston? _____.

Mary está em casa? _____.

John está na praia? _____.

Você está no cinema? _____.

Faça a pergunta; como no exemplo:

<u>Onde</u> Júlia está?

<u>Quem</u> é John?

_____ Daniel está?

_____ John está?

_____ Mary está?

_____ é a irmã de Daniel?

_____ é a mãe de Daniel?

_____ é o pai de Júlia?

_____ é o irmão de Júlia?

_____ são os pais de Júlia e Daniel?

_____ é casado com Mary?

_____ é casada com Jonh?

Responda:
Onde está o livro de português? _____
Onde está a minha caneta? _____
Onde está o seu cachorro? _____
Onde está a faca? _____
Onde está a minha chave? _____
Onde está o meu carro? _____
Onde está a régua? _____
Quem tem um carro grande? _____
Quem tem uma caneta vermelha? _____
Quem é casado/a? _____
Quem é o seu chefe? _____
Quem é o presidente do seu país? _____
Quem é o governador do seu estado? _____
Quem é o prefeito da sua cidade? _____

Pronomes Demonstrativos

Este	esse	aquele
Esta	essa	aquela
Isto	Isso	aquilo

Este , esta , perto de quem fala
Aquele, aquela – longe de quem fala.

Este copo aqui	Esta mesa
Este rapaz	Esta cadeira
Este carro	Esta moça
Aquele restaurante	Aquela moça lá
Aquele rapaz	Aquela casa

Complete com os Pronomes Demonstrativos **este, esta, estes, estas, isto:**
_____ casa é grande.
_____ mesa é grande.
_____ cadeira é pequena.
_____ cachorro é meu.
O que é _____ ?
_____ é uma caneta.
_____ caneta é de João.
_____ canetas são de Daniel?
_____ canetas não são de Daniel.
_____ computador é bom.
_____ telefone é preto.

Isto é uma garrafa. Esta garrafa é de vinho. Este vinho é muito bom. É um vinho francês.
O que é aquilo? Aquilo é um computador. Aquele computador é muito bom, e é do Sr. Lake.
Em + este= neste   em + esta= nesta
Em + aquele= naquele   em + aquela= naquela

Neste restaurante tem uma pizza muito boa e naquele do outro lado da rua tem uma lasanha ótima.
Célia mora nesta casa.

Mateus estuda nesta escola.
Júlia trabalha nesta revista.
Marcos mora nesta cidade.
Carlos está naquela casa.
Artur está naquele restaurante.

AQUI - (here)   **ALI** - (there)   **LÁ** - (over there)
Onde está o presidente do Brasil?
Ele está lá em Brasília.
Onde fica o teatro?
Fica ali na esquina.
Onde você está?
Eu estou aqui.

Complete com o verbo Ter:
1 - Eu _____ um carro branco.
2 - Júlia _____ uma caneta azul.
3 - Jonh e Mary _____ uma casa grande.
4 - Nós _____ um cachorro.
5 - Ele _____ dinheiro.
6 - Eles _____ muitos filhos.
7 - Ela _____ muitos gatos.
8 - Eu _____ um computador.
9 - Nós _____ muito trabalho.
10 - Eu _____ muitos livros.
11 - Você _____um livro de português?
12 - Sim, eu _____ um livro de português.
13 - Você _____ um carro vermelho?
14 - Não, eu não _____um carro vermelho, eu _____ um marrom.
15 - Vocês _____ uma casa grande?
16 - Sim, nós _____ uma casa grande.

Complete com **ser**, **estar** ou **ter**:
Eu _____ vinte anos.
Ele _____ no Brasil.
Nós _____ americanos.
Ela _____ no restaurante.
Eles _____ dois filhos.
Ela _____ um irmão.
Eles _____alunos.
Ela _____ professora.
Ele _____ dinheiro.
Eu _____estudante.
Eu _____ na escola.
Eu _____ um livro de português.
O livro _____ em cima da mesa.
O telefone _____ em cima da mesa.
O gato _____ em cima da mesa.
O papel _____ embaixo da mesa.
O cachorro _____ embaixo da mesa.
A caneta _____ embaixo da mesa.

Traduza para o Português; como no exemplo:

EX.What is this?   <u>O que é isto?</u>

1 - Who are you?
_____

2 - Where are you?
_____

3 - How is your car?
_____

4 - Who is she?
_____

5 - Where is she?
_____

6 - Who is that girl?
_____

7 - Who is that boy?
_____

8 - Where is Peter?
_____

9 - Where is the restaurant?
_____

10 -Peter is sick.
_____

11 -He is lying down, because he is sick and tired.
_____

12 -Where is his bedroom?
_____

13 -It's beside the restroom.
_____

14 -I am not Brazilian.
_____

15 -I have two kids.
_____

16 -He has three cats.
_____

17 -They have one dog.
_____

Profissões:

Jornalista   (journalist)
Cantor/a   (singer)
Pintor/a   (painter)
Jogador/a   (player)
Escritor/a   (writer)
Engenheiro/a (engineer)
Médico/a   (doctor)
advogado/a   (lawyer)
Secretário/a   (secretary)
Professor/a   (teacher)
Vendedor/a   (seller)
Contador/a   (accountant)
Dona de casa (house wife)
Gerente   (manager)
Enfermeiro/a (nurse)
Bombeiro   (fireman, plumber)
Garçom   (waiter)

Complete com o verbo ser.

Você _____ cantora?
Não, eu não _____ cantora.
Maria _____ secretária?
Sim, ela _____ secretária.
Vocês _____ médicos?
Sim, nós _____ médicos.
Quem _____ o gerente?
Ele _____ o gerente.
Quem _____ a enfermeira?
Ela _____ a enfermeira.
Quem _____ o contador?
Paula _____ a contadora.
Quem _____ escritor?
Roni _____ escritor.
Você _____ advogado?
Sim, eu _____ advogado.
Você _____ bombeiro?
Não, eu não _____ bombeiro.
Você _____ o garçom desta mesa?
Não, eu não _____ o garçom desta mesa.
Quem _____ a professora de português?
Ela _____ a professora de português.

CAPÍTULO 1
Presente do indicativo

Sr. Lake mora em Dallas, no Texas, e trabalha numa companhia multinacional. Ele estuda português e sua família, também, porque eles vão para o Brasil. Todos gostam da idéia. Júlia e Daniel vão à aula de português todos os dias à tarde, e o Sr. Lake e a Sra. Lake vão à noite. Eles estudam muito, e em casa só falam português. O Sr. Lake escuta as fitas e escreve os exercícios no escritório. Eles também aprendem a dançar samba e fazem planos para a viagem ao Brasil.

E você, também vai ao Brasil? Você aprende a dançar samba na aula de português? Você dança bem? Você dança com sua família?

Verbo ir **(to go)**

Eu vou	Nós vamos
Você vai	Vocês vão
Ele, Ela vai	Eles, Elas vão

Vocabulário

Estudar (to study)	Aprender (to learn)
Falar (to speak)	Dançar (to dance)
Escutar (to listen; to hear)	Fazer planos (to make plans)
Escrever (to write)	Viagem (trip) / Viajar (to travel)

Complete com o verbo **ir :**
1) Eu _____ à praia.
2) Ele _____ ao cinema.
3) Nós _____ ao restaurante.
4) Eles _____ ao Brasil.
5) Ela _____ a Paris.
6) Eu _____ de avião.
7) Nós _____ de navio.
8) Eles _____ de bicicleta.

Verbos regulares

AR	ER	IR
Dançar (to dance)	**escrever** (to write)	**abrir** (to open)
Eu danç**o**	Eu escrev**o**	Eu abr**o**
Você danç**a**	Você escrev**e**	Você abr**e**
Ele, ela danç**a**	Ele, ela escrev**e**	Ele, ela abr**e**
Nós danç**amos**	Nós escrev**emos**	Nós abri**mos**
Eles, elas danç**am**	Eles, elas escrev**em**	Eles, elas abr**em**
Vocês danç**am**	Vocês escrev**em**	Vocês abr**em**

Responda:

Onde o Sr. Lake mora?   _____.

Onde ele trabalha?   _____.

O que eles estudam? Por que?   _____.

Você estuda português?   _____.

Você escuta música todos os dias?   _____.

Onde você aprende português?   _____.

Com quem você aprende português?   _____.

Você dança samba?   _____.

Você viaja de avião para o Brasil?   _____.

Você vai para o Brasil de avião?   _____.

Como você vai para casa?   _____.

Complete com o verbo indicado no Presente do Indicativo:

Você _____ português. (estudar)
Eu _____ italiano. (falar)
Ela _____ com a caneta (escrever)
Nós _____ música. (escutar)
Eles _____ espanhol. (aprender)
Ele _____ bem. (dançar)
Eu _____ hoje. (viajar)
Eles _____ no Brasil. (morar)
Nós _____ samba. (dançar)
Você _____ o livro de português todos os dias. (abrir)

Para + infinitivo

Eu pego um copo para beber água.
Eu abro um livro para ler.
Eu vou ao cinema para assistir um filme.
Você usa óculos para ler.

PEGAR (to pick up, to catch)
Eu pego
Você pega
Nós pegamos
Eles pegam

Para que você pega um lápis?   _____.
Para que você pega um copo?   _____.
Para que você vai ao aeroporto?   _____.
Para que você vai ao restaurante?   _____.
Para que você pega um livro?   _____.
Para que você usa óculos?   _____.
Para que você vai ao cinema?   _____.
Para que você pega uma caneta?   _____.

Gostar de (to like)

Eu   gosto
Você   gosta
Ele, ela gosta
Nós   gostamos
Vocês   gostam
Eles   gostam
Elas   gostam

Preferir (to prefer)

Eu prefiro
Você prefere
Ele, ela prefere
Nós preferimos
Vocês preferem
Eles preferem
Elas preferem

Você gosta de viajar de navio?
Eu gosto, mas eu prefiro viajar de avião.
Eu gosto' de comer.
Eu gosto de comprar muitas coisas.
Você gosta de banana?
Eu gosto, mas eu prefiro mamão.
O que vocês preferem dançar; salsa ou tango?
Nós preferimos dançar salsa.

Responda :

Você gosta de viajar?
Você gosta de falar português?
Você gosta de escutar música?
Você gosta de trabalhar?
Você gosta de dançar?

Complete com os verbos indicados no Presente do Indicativo:
Contar (to count), entrar (to enter), comprar (to buy), achar (to find), tocar (to play an instrument), jogar (to play a game), pular (to jump), gostar (to like), chegar (to arrive), ler (to read), beber (to drink), comer (to eat)

1 - Você _____ de um a dez?   **(contar)**
2 - Ela _____ no escritório às 9 horas. **(entrar)**
3 - Você_____ muitas frutas. **(comprar)**
4 - Eu _____ muito dinheiro na rua. **(achar)**
5 - Ela _____em casa às 10 h. **(chegar)**
6 - Nós _____ piano. **(tocar)**
7 - Eles _____ tênis . **(jogar)**
8 - Você _____ muito alto. **(pular)**
9 - Eu _____ de escutar música. **(gostar)**
10 - Eu _____ o Jornal do Brasil. **(ler)**
11 - Nós _____ muita água. **(beber)**
12 - Ela _____ de viajar. **(gostar)**
13 - Ela _____ muito chocolate. **(comer)**

VIR (to come)

Eu venho
Você vem
Ele, ela vem
Nós vimos
Eles vêm

VER (to see)

Eu vejo
Você vê
Ele, ela vê
Nós vemos
Eles vêem

SAIR (to leave)

Eu saio
Você sai
Ele, ela sai
Nós saimos
Eles, elas saem

Responda:

Você vem a minha casa hoje? _____.
O que você vê em cima da mesa? _____.
A que horas você sai de casa? _____.
Você vê seus amigos todos os dias? _____.
Você vem aqui todos os dias? _____.
Como você vem aqui? _____.
Vocês saem de casa todas às noites? _____.

PODER (can)

Eu posso
Você pode
Ele, ela pode
Nós podemos
Eles podem

PÔR (to put)

Eu ponho
Você põe
Ele, ela põe
Nós pomos
Eles põem

SABER (to know)

Eu sei
Você sabe
Ele, ela sabe
Nós sabemos
Eles sabem

Onde você põe sua câmera do computador? _____
Você sabe onde fica o Brasil? _____
Você pode comer doce? _____
Você sabe quantos são dois mais três? _____
Você pode vir aqui em casa hoje à noite? _____

O que …? (what)
Quanto…? (how much)
Por que …? (why)
Como...? (how)

Onde…? (where)
Quantos/as …? (how many)
porque (because)

Quando…? (when)
Que cor …? (what color)
Para onde…? (where to)

Responda:
1) O que você prefere comer? _____.
2) Onde você mora? _____.
3) Quando você vai para o Brasil? _____.
4) Quanto custa um jornal? _____.
5) Quantos carros você tem? _____.
6) Que cor é seu carro? _____.
7) Por que você estuda português? _____.
8) Para onde você vai depois da aula? _____.

FAÇA AS PERGUNTAS: (Onde, De onde, Como, O que, Quem, Quantos)
1 - Ela põe os livros na pasta. ex. Onde ela põe os livros?
2 - Eu sou de Paris. _____.
3 - Ele vai de carro. _____.
4 - Nós vamos à praia. _____.
5 - Ela se chama Márcia. _____.
6 - Ele é pintor. _____.
7 - Eu sou Tânia. _____.
8 - Nós temos 2 carros. _____.
9 - Ela escuta rádio . _____.
10 - Eu moro no Rio de Janeiro. _____.
11 - Ela está em Paris. _____.
12 - Ele está no Japão. _____.
13 - Eu vou ao cinema. _____.
14 - Eu ponho meu carro na garagem. _____.
15 - Eu pego um livro para ler. _____.

Complete com o verbo indicado:
Eu _____ de casa às 7:00 horas. **(sair)**
Eu _____ de carro. **(vir)**
Ela _____ muito bem. **(dançar)**
Eu _____ o livro na mesa. **(pôr)**
Nós _____ morar no Brasil. **(ir)**
Eles _____ uma caneta. **(pegar)**
Ele _____ a secretária todos os dias. **(ver)**
Eu _____ um cachorro na rua. **(ver)**
Nós _____ a pasta na mesa. **(pôr)**
Você _____ de dançar? **(gostar)**
Você _____ meu nome? **(saber)**
Sim, eu _____. **(saber)**
Você _____ onde eu moro? **(saber)**
Sim, eu _____ onde você mora. **(saber)**
Você _____ onde fica Brasília? **(saber)**
Você _____ Brasília? **(conhecer)**
Você _____ quem é o presidente do Brasil? **(saber)**
Você _____ o presidente do Brasil? **(conhecer)**
Você _____ onde fica Caracas? **(saber)**
Você _____ Caracas? **(conhecer)**

PREPOSIÇÃO : PARA - DE - DO - DA

Eu viajo para o México.
Eu viajo para Londres.
Eu viajo para o Rio de Janeiro.
Eu viajo para São Paulo.
Eu viajo para Berlim.
Eu viajo para Roma.
Eu viajo para o Canadá.

Eu vou para o México.
Eu vou para Londres.
Eu vou para o Rio de Janeiro.
Eu vou para São Paulo.
Eu vou para Berlim.
Eu vou para Roma.
Eu vou para o Canadá.

Eu venho do Japão.
Você vem de São Paulo.
Eu venho do Rio de Janeiro.
Ela vem de Lisboa.
Eu venho de Berlim.
Eu venho de Roma.
Maria vem da França.
Eu venho do Chile.

Complete com para, de, do, da, dos; como no exemplo:

Eu venho _de_ Paris.
Eu vou _____ Berlim.
Eu viajo _____ o Chile.
Ela vem _____ Chile.
Eles vão _____ a França.
Ele vem _____ China.
Você viaja _____ São Paulo.
Você vem _____ São Paulo.
Júlia vai _____ Roma.
João vem _____ Estados Unidos.
Daniel viaja _____ o Rio de Janeiro.
Maria vem _____ Dallas.
João vai _____ Lisboa.
João vem _____ Lisboa.
Ele viaja _____ Los Angeles.
Daniel viaja _____ Caracas.
Júlia viaja _____ Porto Alegre.
Eu vou _____ Berlim.
Ela vai _____ o México.
Ele vai _____ Venezuela.
Eu venho _____ Colombia.
Ele vem _____ Itália.
Ela vem _____ Brasil.
Eu venho _____ restaurante.
Eu vou _____ o restaurante.
Ela viaja _____ Chicago.
Ela vem _____ México.

COMPLETE COM O VERBO "poder"

1 - Você _____ ir à Lua?

2 - Eu não _____.

3 - Ricardo _____ trabalhar aos domingos?

4 - Não, ele não _____.

5 - Nós _____ viajar para o México neste verão.

6 - Eles não _____ ir com a gente.

7 - Nós não _____ beber cerveja no escritório.

8 - Estou em dieta. Eu não _____ comer doce.

9 - Ela não _____ comer camarão.

Complete com o verbo "**saber**"

1 - Ela _____ de tudo.

2 - Eu _____ falar português.

3 - Eu não _____ de nada.

4 - Você _____ quanto são dois mais quatro?

5 - Claro que eu _____ .

6 - Nós não _____ quem está na reunião.

7 - Eles _____ da reunião?

8 - Acho que eles não _____.

9 - Quem _____ da verdade?

10 - Eu não _____ .

Conseguir

Eu não consigo pegar um táxi no Rio de Janeiro às 6:00 h. da tarde.

Eu não consigo comer vinte ovos cozidos em duas horas.

Eu tento falar rápido "o rato roeu a roupa do rei de Roma", mas eu não consigo.

Meu marido consegue correr cinco quilômetros, mas eu não consigo.

Minha vista está cansada. Eu não consigo ler sem óculos.

Nós procuramos durante muito tempo por um bom computador.

Finalmente, conseguimos encontrar.

NO TELEFONE

No Brasil

- Escritório do Sr. Lake, bom dia.
- O Sr. Lake está?
- No momento não está. Você quer deixar recado?
- Não, obrigado.

- Alô!
- De onde fala?
- Escritório do Sr. Lake.
- Posso falar com o Sr.Lake?
- Quem quer falar com ele?
- É o José da Silva.
- Um momento, por favor.

- Alô!
- A Júlia está?
- É ela mesma.
- Júlia, é a Ana.
- Oi Ana, como vai?
- Tudo bem! Júlia, vamos à praia?
- Boa idéia. Vamos em Ipanema?
- Vamos. Então nos encontramos lá.
- Está bem. Até logo.
- Até logo.

Em Portugal

- Está lá?
- Está? A Teresa está?
- É a própria. Quem fala?
- É a Célia. Queres ir jantar comigo?
- Claro! Onde nos encontramos?
- No restaurante Natural às oito.
- Está bem. Até logo.
- Até logo.

- Estou sim?
- Está lá? É da casa de Rosa?
- Aqui não mora nenhuma Rosa.
- Desculpe. Foi engano.
- Não faz mal.

QUERER

Eu quero

Você quer

Ele, ela quer

Nós queremos

Eles, elas querem

Vocês querem

Complete com o verbo "querer"

1 - Estou com sono, eu _____ dormir.

2 - Estou com sede, eu _____ beber água.

3 - Maria está com fome, ela _____ comer uma salada.

4 - Nós _____ comprar um carro.

5 - Eles _____ morar no Brasil.

6 - Você _____ ir ao cinema?

7 - Sim, eu _____ .

8 - Simone _____ namorar Daniel.

9 - Eu _____ viajar.

10 - Ela _____ estudar português.

11 - Ele _____ trabalhar em Angola.

12 - Nós _____ morar na Inglaterra.

13 - Eles _____ visitar o Egito.

14 - Tonny _____ vender um cachorro.

15 - Simone _____ comer no restaurante Russo.

16 - Eu _____ me encontrar com Simone e Rosa.

Convites:

-Vamos ao cinema?
-Vamos.

-Vamos embora?

-Vamos à praia?

-Vamos tomar um café?

-Vamos almoçar juntos hoje?
-Desculpe-me, mas hoje eu não posso.

-Vamos jantar fora?

-Vamos dançar?

-Vamos ao teatro?

COMPLETE COM OS SEGUINTES VERBOS NO PRESENTE DO INDICATIVO:
Poder, saber, querer, gostar, pôr

1 - Quem _____ viajar para o Brasil?
2 - Márcia _____ ir à praia.
3 - Eu _____ minhas roupas na mala.
4 - Júlia _____ de correr no parque.
5 - Mary não _____ nadar.
6 - Marcos _____ beber cinco caipirinhas.
7 - Eu não _____ beber cinco caipirinhas.
8 - Quem _____ onde fica Buenos Aires?
9 - Eu _____ onde fica Buenos Aires.
10 - Júlia _____ os pratos na mesa.
11 - Eu _____ de frutas.
12 - Nós _____ da verdade.

PRECISAR (to need)

Eu não tenho um computador. **Preciso** comprar um.
João **precisa** ir à praia para se bronzear.
Júlia e Daniel estão numa escola brasileira. Eles **precisam** falar bem o português.
Eles **precisam** estudar muito.

Trazer (to bring)

Eu trago
Você traz
Ele, ela traz
Nós trazemos
Eles, elas trazem
Vocês trazem

Eu sempre trago um sanduiche de casa.
Às vezes, eu trago meu filho aqui.
Você traz seu almoço de casa?
Quem vai trazer o vinho para a festa?
Quando você voltar para casa, você pode me trazer um chocolate?
Por que você não traz sua filha para fazer aula de dança aqui conosco?

CAPÍTULO 2

Vai haver um feriado na próxima semana, e o Jonh pensa em ir a Las Vegas.

Sr. Lake - Mary, vamos a Las Vegas nesse feriado?

Sra. Lake - John, eu não gosto porque eu sempre perco muito dinheiro.

Sr. Lake - Mas você não precisa gastar muito.

Sra. Lake - O pouco dinheiro que levo, eu sempre perco, não ganho nunca.

Sr. Lake - Eu às vezes ganho um pouco, e você não **vai precisar** jogar, vamos para descansar. Em pouco tempo nós **vamos viajar** para o Brasil e **vamos ficar** muito tempo sem ir a Las Vegas.

Sra.Lake - O que eu gosto em Las Vegas são aqueles jantares à meia noite nos cassinos, que servem filé e lagosta pelo preço de um sanduíche.

Sr. Lake - Eu vou comprar as passagens, tá?

Sra. Lake - Está bem!

Vocabulário

Feriado	(holiday)	Lagosta	(lobster)
Perco, perder	(to lose)	Nunca	(never)
Ganhar	(to win)	Jantar	(dinner)
Descansar	(to rest)	às vezes	(sometimes)
Precisar	(to need)	Sempre	(always)
Viajar	(to travel)	Gastar	(to spend)
Passagem	(ticket)		

Futuro com verbo IR

É formado com o verbo ir + Infinitivo do verbo principal.

Eu vou comprar um carro.
Você vai viajar para o Brasil.
Ele vai comer feijoada.
Nós vamos estudar português.
Eles vão beber caipirinha.

Atenção

Quando o verbo **ir** é usado como verbo principal no futuro, o verbo ficará no Presente do Indicativo, sem a utilização do infinitivo.
Ex. Amanhã eu vou ao banco.   Eu vou ao cinema amanhã.

Passe as frases para o futuro.

Ex.1 - Eu estudo português.   Amanhã eu vou estudar português.

2 - Você viaja para o Brasil.   Amanhã _____.

3 - Nós descansamos muito.   _____.

4 - Eu ganho a corrida.   _____.

5 - Eu como muito queijo.   _____.

6 - Ela bebe muita água.   _____.

7 - Eu tenho uma reunião.   _____.

8 - Ela vai à praia.   _____.

9 - Ele lê o jornal.   _____.

10 - Eles saem de casa.   _____.

Responda:

1 - O que vai haver na próxima semana? _____

2 - Onde John e Mary vão? _____

3 - Mary gosta da idéia? Por que? _____

4 - O que Mary gosta de fazer em Las Vegas? _____

Perder (to lose, to miss)

Eu   perco
Você perde
Ele   perde
Ela   perde
Nós   perdemos
Eles perdem
Vocês perdem

Complete com o verbo **perder:**

1 - Eu não _____ minhas chaves.

2 - Ela sempre _____ suas chaves.

3 - Você _____ muito tempo na rua.

4 - Mary _____ muito dinheiro em Las Vegas.

5 - John também _____ muito dinheiro em Las Vegas.

6 - Eu nunca _____ as esperanças.

7 - Todos _____ muito dinheiro em Las Vegas.

8 - Eu _____ tudo e você não _____ nada.

9 - Eles _____ as esperanças.

10 - Nós sempre _____ o ônibus.

11 - Ela sempre _____ seus óculos.

12 - Eu sempre _____ muitas coisas.

Alguns opostos

Bonito - feio
Feliz - infeliz
Lento/a, devagar - rápido
Grosso/a - fino/a
Curto/a - comprido/a
Cheio/a - vazio/a
Confortável - desconfortável
Gordo/a - magro/a
Largo/a - estreito/a

O elefante é um animal grande, mas a mosca é pequena.
Mary tem cabelos curtos, mas Júlia tem cabelos compridos.
O cachorro é bonito, mas a barata é feia.
Este vinho é muito bom, mas este outro vinho é ruim.
Sr. Lake é um homem feliz, mas seu irmão é infeliz.
Este prato está cheio, mas o outro está vazio.
A tartaruga é lenta, mas o esquilo é rápido.
Este sofá é confortável, mas aquela cadeira é desconfortável.
Muitos grampos.
Poucos grampos.
Luíza come muito, ela é gorda. Vera come pouco, ela é magra.

Escreva o nome de :

Um país comprido - _____ .

Um país grande - _____ .

Um país pequeno - _____ .

Uma artista bonita - _____ .

Um animal feio - _____ .

Um transporte rápido - _____ .

Uma música lenta - _____ .

Um livro grosso - _____ .

Um livro fino - _____ .

Uma pessoa feliz - _____ .

Uma rua curta - _____ .

Uma rua comprida - _____ .

Uma artista magra - _____ .

Um vinho bom - _____ .

Uma cerveja boa - _____ .

O carro novo

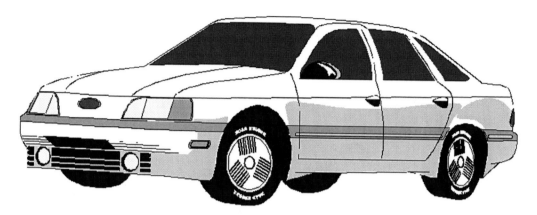

A - Este é meu carro . Eu acabo de comprar.
B - É grande, e muito bonito. Este carro é novo?
A - Sim, é novo e confortável.
B - É caro?
A - Sim, é caro e muito rápido.
    Vamos dar uma volta?
B - Claro que sim.

Como é o carro?	Ele é grande.
Como é o carro?	Ele é bonito.
Como é o carro?	Ele é novo.
Como é o carro?	Ele é confortável.
Como é o carro?	Ele é caro.
Como é o carro?	Ele é rápido.

O carro é pequeno?   Não, ele é grande.
O carro é feio?   Não, _____.
O carro é lento?   _____.
O carro é desconfortável?   _____.
O carro é velho?   _____.
O carro é barato?   _____.

Una a coluna da esquerda de acordo com a direita, com seus opostos:

1) grande		1) mal
2) bonito		2) vazio
3) feliz		3) desconfortável
4) lento		4) magro
5) grosso		5) poucos
6) curto		6) pequeno
7) bom		7) estreito
8) cheio		8) sujo
9) confortável		9) comprido
10) gordo		10) feio
11) muitos		11) mau
12) bem		12) infeliz
13) limpo		13) rápido
14) frio		14) quente
15) largo		15) fino

Complete com os adjetivos acima:

1 - Quem come muito é _____.
2 - Quem come pouco é _____.
3 - Quando você não toma banho, você se sente _____.
4 - Depois do banho, se sente _____.
5 - Um vinho francês é _____.
6 - Uma tartaruga é muito_____.
7 - Um avião é muito _____.
8 - Um elefante é _____.
9 - Um rato é _____.
10 - Mary tem cabelos _____.
11 - Júlia tem cabelos _____.
12 - Um dicionário é _____.
13 - Uma revista é _____.
14 - Uma flor é _____.
15 - Uma barata é _____.

Complete as palavras como no exemplo:

cheia   vazio
no_o   ve_ _ o
go _ do   mag_ _
li_ po   s _ jo
cu_to   co_ _ rido
f_io   q_ente

Transportes:

 Carro

 Avião

 Ônibus (Brasil) - autocarro (Portugal)

 Trem (Brasil) - comboio (Portugal)

 Navio

 Barco

Diferenças entre Brasil e Portugal

Brasil	Portugal	English
banheiro	casa/quarto de banho	restroom
blue jeans	calça de ganga	jeans
café da manhã	pequeno almoço	breakfast
cardápio	ementa, menu	menu
fila	bicha	line
fita durex	fita cola	scotch tape
ônibus	autocarro	bus
posto de gasolina	bomba de gasolina	gas station
presunto	fiambre	ham
sanduíche	sandes	sandwich
sorvete	gelado/ sorvete	ice cream
terno	fato	suit
trem	comboio	train
papai Noel	pai Natal	Santa Claus
ceia de Natal	consoada	Christmas Dinner
xícara	chavena	cup
cafezinho	bica	coffee
pão francês	cacete	bread

Atendendo o telefone em Portugal.

- Está lá?
- Estou.

CAPÍTULO 3
Presente Contínuo

John Lake e sua família estão no aeroporto. Eles **estão indo** para o Brasil. Agora **eles estão entrando** no avião. **Estão viajando** de classe executiva. Júlia e Daniel **estão conversando**. O avião **está começando** a decolar. Agora a aeromoça **está servindo** o jantar. Júlia **está pensando** na nova vida no Brasil, e Daniel **está sentind**o saudades dos amigos em Dallas. John **está pensando** no seu novo trabalho no Rio de Janeiro, e Mary **está lendo** um livro. Agora eles **estão jantando** e estão muito cansados e com sono. Eles terminam de jantar e dormem.

Quando acordam, já é de manhã, e a aeromoça **está servindo** o café da manhã. O avião **está chegando** ao Rio de Janeiro. Eles **estão olhando** a paisagem pela janela e estão encantados com a beleza da cidade.

Vocabulário:

Viajar   (to travel)
Começar   (to begin, start)
Pensar   (to think)
Sentir   (to feel)
Servir   (to serve)
Chegar   (to arrive)
Olhar   (to look at)
Paisagem (scenery, landscape)
Café da manhã (breakfast)
Almoço   (lunch)
Jantar   (dinner)

Foto Ângela Van Slyke

Responda:
1 - Onde John e sua família estão?
2 - Para onde eles estão indo?
3 - O que a aeromoça está servindo?
4 - Em que Júlia está pensando?
5 - O que Daniel está sentindo?
6 - O que Mary está fazendo?

Usa-se o gerúndio numa ação que está acontecendo no momento.
O gerúndio é formado com o verbo estar + ndo.

Ex; Le® - lendo, fala® – falando , come® – comendo, sai® – saindo,
Agora eu estou estudando português.
Agora você está lendo este livro.
Agora ele está aprendendo português.
Agora nós estamos falando português.
Eles estão viajando agora.
Vocês estão servindo o jantar.
E você, o que está fazendo agora?
Você está viajando agora?
Você está trabalhando agora?
Você está jantando agora?

Quando se usa o Presente Contínuo e o Presente do Indicativo;

Presente do Indicativo:
Todos os dias:
O Sr. Lake toma um cafezinho, lê o jornal, conversa com sua esposa, sai de casa às 8:00h, entra no seu carro e vai para o escritório.

Presente contínuo:
Agora:
O Sr. Lake está tomando um cafezinho. Agora ele está lendo o jornal. Agora ele está conversando com sua esposa. Agora ele está entrando no seu carro. Agora ele está indo para o escritório.

Você está estudando português agora?
Você está comendo agora?
Você está bebendo café agora?
Você está almoçando agora?
Você está lendo agora?

Escreva as frases como no exemplo:

Todos os dias eu falo português.
Agora eu estou falando português.

Eu trabalho todos os dias. _____.

Todos os dias ele lê o jornal . _____.

Todos os dias eles almoçam. _____.

Eles viajam para o Brasil todos os anos. _____.

Ela tem reunião todos os dias. _____.

Todos os dias Mary pensa na viagem. _____.

Todas as viagens a aeromoça serve o jantar. _____.

O garçom trabalha no restaurante todos os dias. _____.

Daniel sente saudade dos amigos. _____.

Júlia compra uma revista no aeroporto. _____.

Mary come pão de queijo no aeroporto. _____.

Eu escrevo todos os dias. _____.

John vai à praia todos os dias. _____.

Passe para o Presente Contínuo como no exemplo:

Ex. Eu vou a Paris.   <u>Agora eu estou indo a Paris.</u>

1 - Ela compra um livro.   Agora _____.

2 - Eu bebo vinho.   Agora _____.

3 - Você lê o jornal.   Agora _____.

4 - Nós pagamos a conta.   Agora _____.

5 - Ela pega um livro.   Agora _____.

6 - Ela abre a porta.   Agora _____.

7 - Eu fecho a janela.   Agora _____.

8 - Eles chegam de carro.   Agora _____.

9 - Eu olho para você.   Agora _____.

10 - Nós olhamos a pintura.   Agora _____.

11 - Eu penso em você.   Agora _____.

12 - Eu almoço.   Agora _____.

13 - Eu sinto sua falta.   Agora _____.

SENTIR (to feel)
Eu sint**o**

Você sent**e**

Ele, ela sent**e**

Nós sent**imos**

Vocês, eles sent**em**

SENTAR (to sit)
Eu sent**o**

Você sent**a**

Ele, ela sent**a**

Nós sent**amos**

Você, elas sent**am**

Complete:

1- Eu me _____ bem. **(sentir)**
2- Eu me _____ na cadeira. **(sentar)**
3- Ela _____ frio. **(sentir)**
4- Ele _____ calor. **(sentir)**
5- Ela _____ no sofá. **(sentar)**
6- Nós _____ saudade. **(sentir)**
7- Nós _____ na primeira fila. **(sentar)**
8- Eu _____ cheiro de flores. **(sentir)**
9- Eu não _____ gosto. **(sentir)**
10- Ela _____ muita raiva de mim. **(sentir)**
11- Ela _____ inveja de você. **(sentir)**

Um pouco de Brasil

A TELEVISÃO

O Sr. Lake assiste diariamente ao Jornal Nacional, tomando conhecimento das notícias nacionais. A Sra. Lake gosta muito das novelas brasileiras, achando que são bem dirigidas e que têm roteiros interessantes em que os hábitos brasileiros são bem explorados. Daniel prefere assistir esportes pela TV, e Júlia gosta dos programas musicais.

Vocabulário:
assistir - (to watch, to attend)
roteiro - (script, itinerary)
hábito - (habit, custom)

Responda:

1 - Qual o programa que John assiste diariamente?
2 - O que Mary gosta de assistir? Por que?
3 - O que Daniel prefere assistir?
4 - O que Júlia gosta de assistir?
5 - Qual o seu programa de televisão favorito?

Expressões:

Não acredito!   (I don't believe it!)
Foi sem querer.   (It was unintentional.)
Sinto pena dele.   (I feel sorry for him.)
Você está ótimo/a.   (You look great.)
Você está sempre bem.   (You always look good.)
Como estava o tempo?   (How was the weather?)
Como estava a festa?   (How was the party?)
Estou um pouco decepcionado.   (I am a little disappointed.)
É mesmo?   (really?)
Estou aqui só de passagem.   (I'm just passing through.)

Foto Ângela Van Slyke

CAPÍTULO 4

No Aeroporto

Sr. Lake e sua família chegam ao aeroporto do Rio de Janeiro. Eles estão passando pela Alfândega.

Fiscal - Bom dia, como vai?

John Lake - Tudo bem.

Fiscal - Visto de trabalho. Quanto tempo pretende ficar no Brasil?

John Lake - Meu visto é de quatro anos.

Fiscal - Vocês têm algum aparelho elétrico?

John Lake - Sim, mas vêm de navio, com a lista de tudo e seus números de fabricação.

Fiscal - E nestas malas? Nove malas!...

Mary Lake - Nós somos quatro pessoas, e vamos ficar aqui por quatro anos. Claro, são muitas roupas, sapatos, etc.

Fiscal - Está bem. Espero que gostem do Rio de Janeiro. A cidade é linda.

Vocabulário:

Alfândega (customs)

Pretende (to intend)

Fabricação (manufacture)

Roupas (clothes)

Sapatos (shoes)

Visto (visa)

Responda:

Onde Sr. Lake chega com sua família?

Quanto tempo a família Lake pretende ficar no Brasil?

Quantas malas eles têm?

O fiscal acha poucas malas?

Quantas pessoas são na família Lake?

Eles têm aparelho elétrico?

Estou adiantada/o - Quando chego antes da hora marcada.

Estou atrasada - Quando chego depois da hora marcada.

A aula começa às 8h. Pedro chega às 8h15. Ele chega adiantado ou atrasado?

A aula começa às 8h. Pedro chega às 7h50. Ele chega adiantado ou atrasado?

Você chega adiantado ou atrasado aos seus compromissos?

Diálogo

- Desculpe, estou atrasado.
- Não tem importância.
- Você está me esperando há muito tempo?
- Não, há pouco tempo. A que horas vamos sair para jantar?
- Às 9h. Você está com muita fome?
- Não, está bom para mim.

Quando

Quando você tem férias?	Eu tenho férias em fevereiro.
Quando você viaja?	Eu viajo daqui a dois dias.
Quando é o seu aniversário?	O meu aniversário é dia 9 de Janeiro.
Quando você vai ao Brasil?	Eu vou amanhã.
Quando vamos jantar?	Às 9h.

Complete com quando:

_____ você vai viajar?

_____ você vem a minha casa?

_____ eles vão se casar?

_____ Mary vai comprar um carro?

_____ eles vão para o Brasil?

_____ é o seu aniversário?

_____ você vai sair desta empresa?

_____ você vai se mudar ?

_____ você vai ao Japão?

A gente

No Brasil, a gente vai à praia todos os fins de semana. Aos sábados depois da praia, a gente costuma comer feijoada e tomar caipirinha e as crianças tomam guaraná.

- Onde vocês vão?
- A gente vai à praia.
- Depois, vocês vão comer feijoada?
- Sim, a gente vai comer feijoada.

A gente = Nós
A gente se usa com o verbo na terceira pessoa do singular.
Ex. A gente mora no Brasil.
     Nós moramos no Brasil.

Preencha com o verbo na pessoa certa.
1 - A gente _____ à França. (ir)
2 - A gente _____ de chocolate. (gostar)
3 - Nós _____ à Espanha. (ir)
4 - Nós _____ de chocolate. (gostar)
5 - A gente _____ no Brasil. (morar)
6 - Nós _____ no Brasil. (morar)
7 - A gente _____ muito. (ler)
8 - Nós _____ muito. (ler)
9 - A gente_____ muito chop. (tomar)
10 - Nós _____ muito chop. (tomar)
11 - A gente_____ muita carne. (comer)
12 - Nós _____ muita carne. (comer)

Presente do Indicativo
Dar   (to give)

Eu **dou**
Você **dá**
Ele, ela **dá**
Nós **damos**
Eles, elas, vocês **dão**

Eu dou um lápis **para você** - Eu **lhe** dou um lápis.

Você dá um livro **para mim** - Você **me** dá um livro.

O diretor dá flores **a secretária** - O diretor **lhe** dá flores.

Eu dou revistas **para vocês** - Eu **lhes** dou revistas.

Ela dá os chocolates **para nós** - Ela **nos** dá os chocolates.

O **lhe** (substitue "**para você, para ela, para ele**". O **lhes** é usado no plural "**para vocês, eles, elas**","**para mim** é substituído por **me**", "**para nós** é substituído por **nos**".

Complete com os pronomes correspondentes como no exemplo:

Eu <u>lhe</u> dou uma revista. (para você)
Ela _____ dá muito trabalho. (para mim)
Ele sempre _____ diz a verdade. (para ela)
Ela _____ telefona todos os dias. (para nós)
Eu _____ mostro o Pão de Açúcar. (para vocês)
João _____ dá um carro. (para Maria)
Eu _____ dou um presente. (para você)
Você _____ dá um carro. (para mim)

Mas, más, mais

Cidades grandes são perigosas porque há muitos crimes. Há muitas pessoas **más**.
Eu gosto **mais** de cidades pequenas, porque são menos perigosas.
Mas nas cidades pequenas não há muita diversão.

Verbo haver

Há um restaurante muito bom nesta rua.
Há muitos livros na mesa.
Há muitas pessoas nesta festa.
No Brasil, há muitas praias bonitas.

Há quanto tempo você trabalha aqui?
Quanto tempo faz que você trabalha aqui?
Faz sete anos que eu trabalho aqui.
Eu trabalho aqui há sete anos.

Complete com mas, más ou mais

Elas são _____ pessoas.
Eu não vou, _____ ela vai.
Eu quero _____ comida.
Você quer _____ vinho?
Eu quero _____ vinho, _____ ela quer água.
Os criminosos são pessoas _____.

Verbos pedir e perguntar:

Pedir - um favor, pedir alguma coisa
Perguntar - perguntar por alguém, por alguma coisa, fazer uma pergunta.

Eu vou perguntar ao professor a diferença entre perguntar e pedir.
Mary pediu de aniversário uma Flat tv.
Daniel pediu de aniversário, uma viagem ao sul do Brasil.
Eu peço dinheiro emprestado ao Banco.
Ela sempre pede dinheiro emprestado aos amigos.
Eu sempre pergunto os preços das coisas.
Ele pegou meu livro sem me perguntar.
Mariza sempre pergunta por você.
Márcio me pediu seu telefone.
Meus filhos sempre me pedem dinheiro.
A professora sempre faz perguntas sobre a lição.
Marta me pediu para eu dormir na sua casa.
Ontem eu me encontrei com Oswaldo, e ele me perguntou pela Fátima.
Quando eu me encontrei com a Fátima, eu lhe perguntei pelo Otávio.

Agora forme sentenças com os verbos perguntar e pedir.

_____

_____

_____

_____

_____

BRASIL

O Brasil é o maior país da América do Sul. Foi descoberto pelo português Pedro Alvares Cabral em 22 de abril de 1500. É o único país da Américas do Sul onde se fala português. São Paulo é a maior cidade do Brasil, e o Rio de Janeiro é a cidade mais bonita. Existem outras cidades bonitas, como Fortaleza (no Ceará), Recife (em Pernambuco), Salvador (na Bahia), João Pessoa (na Paraíba) e Maceió (em Alagoas).

O povo brasileiro é muito descontraído, alegre e hospitaleiro.

O Brasil é um país de clima tropical. A temperatura do país é variada. Nos Estados do Rio Grande do Sul, Santa Catarina, Paraná e São Paulo, o inverno é mais rigoroso. Indo para o Norte, não se faz muita distinção entre o inverno e verão.

Responda:
1 - Qual é o maior país da América do Sul?
2 - Quem descobriu o Brasil?
3 - Em que data?
4 - Qual é o único país da América do Sul onde se fala português?
5 - Qual é a maior cidade do Brasil?
6 - Como é o povo brasileiro?
7 - Como é o clima do Brasil?

Comparativos:

Superioridade
A cidade do Rio de Janeiro é **mais** bonita **do que** a cidade de São Paulo.
O Rio de Janeiro é **mais** quente **do que** São Paulo.
O Corcovado é **mais** alto **do que** o Pão de Açúcar.

Igualdade
São Paulo é **tão** grande **quanto** Nova York.
Este filme é **tão** interessante **quanto** aquele.
Esta moça é **tão** bonita **quanto** a outra.

Inferioridade.
Maria tem **menos** trabalho **do que** José.
José tem **menos** tempo livre **do que** Maria.
Maria tem **menos** dinheiro **do que** José.

ATENÇÃO:
GRANDE - **MAIOR**
PEQUENO- **MENOR**
BOM – **MELHOR**
RUIM, MAU - **PIOR**

Nova York é **maior do que** Dallas.
O Estado de Santa Catarina é **menor do que** o Estado de São Paulo.
A praia de Ipanema é **melhor do que** a praia de Copacabana.
As praias do Golfo do México são **piores do que** as do Pacífico.

Complete com o Comparativo Indicado, como no exemplo:

Carla é _____ alta _____ Maria. (superioridade)
Carla é <u>mais</u> alta <u>do que</u> Maria.

1 - Carla é _____ velha _____ Maria. (superioridade)
2 - Maria é _____ elegante _____ Carla. (superioridade)
3 - Carla é _____ gorda _____ Maria. (superioridade)
4 - Maria é _____ magra _____ Carla. (superioridade)
5 - Maria tem_____ dinheiro _____Carla. (Inferioridade)
6 - O Brasil é _____ Portugal. (grande)
7 - Portugal é _____ o Brasil. (pequeno)
8 - O avião é _____ rápido _____o trem. (superioridade)
9 - Banana é _____ laranja. (bom)
10 - Viajar de ônibus é _____ de avião. (ruim)
11 - O Brasil é _____ a Argentina. (grande)
12 - A Colombia é _____o Brasil. (pequeno)
13 - Esta flor é _____ bonita _____ a outra. (igualdade)
14 - Rio de Janeiro é _____ Niterói. (grande)

Faça frases usando comparativos, como no exemplo:

1 - Canadá / grande / México - (superioridade) - Canadá é maior do que o México.
2 - Sr. Lake / rico / Sr. Lopez - (superioridade) _____.
3 - Cachorro / amigo / gato - (igualdade) _____.
4 - São Paulo / grande / Niterói - (superioridade) _____.
5 - Belo Horizonte / pequeno / São Paulo - (inferioridade) _____.
6 - Verão / quente / primavera - (superioridade) _____.

Superlativo relativo
O mais rápido
A mais inteligente
A maior
A menor
A melhor
A pior

Júlia é a mais bonita da classe.
André é o mais magro da classe.
Este hotel é o melhor desta cidade.
Esta casa é a maior desta rua.
Este restaurante é o pior desta cidade.
Ele é o mais inteligente da classe.
Ela é a mais alegre da classe.
Paula é a melhor jogadora.

Tanto...quanto

João tem dois carros. Carlos tem dois carros.
João tem **tantos** carros **quanto** Carlos.

João tem dois filhos. Carlos tem dois filhos.
João tem **tantos** filhos **quanto** Carlos.

João tem três livros. Carlos tem três livros.
João _____.
João tem vinte reais na carteira. Carlos tem vinte reais na carteira.
João _____.
O meu livro tem duzentas páginas. O seu livro tem duzentas páginas.
O meu _____.

Complete com o comparativo certo:

João é inteligente. Carlos é inteligente.
R _____.
O carro de João é bonito. O carro de Carlos também é bonito.
R _____.
O carro de João é rápido. O carro de Carlos é rápido também.
R _____.
O carro de João é caro. O carro de Carlos e caro também.
R _____.
João tem três gatos. Carlos tem um gato.
R _____.
João tem cinco canetas. Carlos tem duas canetas.
R _____.
João toma seis copos d'água por dia. Carlos toma oito copos d'água.
R _____.
João tem três telefones. Carlos tem dois telefones.
R _____.
João tem duas bicicletas. Carlos tem duas bicicletas também.
R _____.
João ganha trinta reais. Carlos ganha trinta reais também.
R _____.
João tem 30 dias de férias. Carlos tem 30 dias de férias.
R _____.

Observe as figuras abaixo. Todas as figuras possuem similaridades e diferenças. Observe e numere cada similaridade e diferença que encontrar.

Semelhanças

1 tem pelo

1 patas brancas

1 amigo do dono

                    2 tem pelo

                    2 patas brancas

                    2 amigo do dono

Diferenças

pelo branco e preto

pelo liso

pernas curtas

                    pelo branco

                    pelo crespo

                    pernas compridas

semelhanças

_____

_____

_____

                    _____

                    _____

diferenças

Cristo Redentor

Estátua da Liberdade

semelhanças

_____
_____
_____

_____
_____
_____

diferenças

_____
_____
_____

_____
_____
_____

semelhanças

_____
_____
_____

_____
_____

diferenças

_____
_____
_____

_____
_____
_____

MUITO (many, much, a lot of, very)
POUCO (little, few)

Quando seguidos de um substantivo, variam em número e grau de acordo com o substantivo.

> Eu comprei muitas frutas e poucos vegetais.
> Eu li muitos livros durante minhas férias.
> Ela tem muitos amigos e poucas amigas.
> Poucas pessoas gostam de teatro.

Quando acompanhados de adjetivos ou verbos, não modifica.

> Eu como muito.
> Ela fala muito.
> Ana é muito alta.
> Ela é muito bonita.

Bastante / Bastantes   (enough; quite a lot)

Quando ligada a um substantivo, concordará com o substantivo a que se refere.

> Bastantes pessoas compareceram à festa.
> Bastantes frutas estavam estragadas.

Quando ligado a um verbo, adjetivo ou advérbio, nunca varia.

> Elas falam bastante.
> Eles comem bastante.
> Vocês chegaram bastante cedo.

Mesmo/a

> Ele **mesmo** construiu sua casa.   (himself)
> Elas **mesmas** sempre fazem suas camas.

> Nós dirigimos o mesmo carro. (same)
> Nós gostamos da mesma casa.

> -Eu ganhei na loteria!
> -É mesmo !   (really!)

TEMA PARA REDAÇÃO:

Minha cidade.

CAPÍTULO 5

Na praia

Júlia - Bom dia!
José - Oi Júlia, acordou cedo hoje?
Maria - Ela caiu da cama. Que tal irmos ao Maracanã à tarde?
José - Sem dúvida, hoje joga o Flamengo.
Júlia - Estou na dúvida se pego um cinema.
Maria - Ah! vamos sim. Olha, vou chamar o André.
Júlia - Assim já fica melhor, afinal não sou flamenguista.
José - Hoje é Fla x Flu.
Júlia - Não sou esportista.
Maria - Vou chamar o André. O que você acha da idéia?
À tarde
Júlia, toda vestida de Flamengo, (*camiseta, boné, apito e bandeira*) abraçada com André.

Júlia - Oi, gente, estamos prontos. Estou louca para ver o Fla x Flu, vai ser muito divertido.
André - Vamos para as arquibancadas do lado da torcida do Flamengo.

O jogo começa:

José - O jogo está difícil.
André - Tomara que o Flamengo faça um gol. Estou ficando nervoso.
Julia - Maria, estou com vontade de tomar sorvete.
Maria - Eu também, vamos lá comprar um?
André - Onde vocês vão?
Júlia - Vamos comprar sorvete.
André - Traz uma cerveja pra mim?

GOOOOOOOOOOOOOOOOLLLLLLLLLL.
Muitos gritos, as bandeiras se agitam, André e José ficam tristes, pois o Fluminense fez um gol. Fluminense está ganhando de 1 x 0. Mas não demora muito e se ouve um outro
GOOOOOOOOOOOOLLLLLLLLLLL.
Desta vez foi o Flamengo.

José - Eu sabia que o Fla não ia me decepcionar. Vamos Fla, mais um!!!!!!!!!
André - Mengo! Mengo! Mengo é campeão!!!!!!!!!! Vamos desempatar Mengo!!!

O jogo está 1 x 1 . Empate. Finalmente o Flamengo faz mais um gol, e ganha de 2 x1.

Júlia - Vamos comemorar!!!
Maria - Aonde vamos?
André - Vamos tomar uma cerveja no Garota de Ipanema?
Todos - Boa idéia!

Vocabulário:

Apito   (whistle)
Acordar (wake up)
Cedo   (early)
Cair   (to fall)
Sem dúvida   (undoubtedly, without a doubt)
Louca   (crazy)
Divertido   (amusing, funny)
Torcida   (group of fans)
Jogo   (game)
Tomara que   (I hope)
Vontade   (will, wish)
Bandeira   (flag)
Agitar   (to shake, to agitate, disturb)
Demora   (delay, to take a long time)
Empatar   (to tie up)
Desempatar (to play off a tie)

Responda:

1 - Júlia caiu da cama?
2 - Júlia quer ir ao jogo?
3 - Quem Maria vai chamar?
4 - Júlia gosta da idéia?
5 - Como Júlia se veste para ir ao jogo?
6 - Onde eles se sentam?
7 - Quem ganha o jogo?
8 - Onde eles vão comemorar?
9 - Você gosta de assistir algum jogo?
10 - Para que time você torce?

Complete com o comparativo de Igualdade:

1 - André é _____ alto _____ Daniel.
2 - Ela canta _____ bem _____ sua irmã.
3 - Ele dirige _____ rápido _____ João.
4 - Ela fala português _____ bem _____ você.
5 - Ela é _____ rica _____ você.
6 - Ele tem _____ dinheiro _____ você.
7 - Nós comemos _____ _____ você.
8 - Eu tenho _____ gatos _____ você.

TEMAS PARA REDAÇÃO
Um dia na praia.
A felicidade.

Responda:

Que...? O que...? Com que...?

Que cor é o céu?_____.
O que você tem na sua pasta?_____.
Com que você escreve? _____.

Quem...? Com quem...?

Quem é você? _____.
Quem estuda português? _____.
Quem é brasileiro/a?_____.
Com quem você estuda português?_____.
Com quem você vai para o escritório? _____.
Com quem você está falando agora? _____.

Onde...? Para onde...? De onde...?

Onde está seu livro? _____.
Onde está sua caneta? _____.
Onde fica sua casa?_____.
Onde fica seu escritório? _____.
Para onde você vai nas férias? _____.
Para onde você vai depois da aula? _____.
De onde você é? _____.

Quando...?

Quando você vem aqui? _____.
Quando você vai viajar? _____.
Quando é o seu aniversário? _____.

Como...?

Como é o seu carro? _____.
Como você vai para casa?_____.
Como é sua casa? _____.
Como é seu trabalho? _____.

-Hum! Que sono! Boa Noite.
-Vou dormir também, estou cansada.
     bluuummmm
- O que é isso? Você ouviu algum barulho?
- Ouvi, será que alguém entrou em casa?
- Mas quem? Algum ladrão? Estou morrendo de medo.
- Por que você não vai ver?
- Eu? Por que eu?
- Por que alguém tem que ir, e não sou eu.
- Eu também não. Então ninguém vai.
- Precisamos ver. Então vamos os dois juntos.
- Está bem.
- Não estou vendo nada. É melhor acendermos a luz.
- Está certo. Tudo está em ordem,
- Olha ali, o vaso de flores está virado.
     Miaauu....
- Foi o gato......
- Ainda bem! Agora podemos dormir, estou com sono.

Vocabulário
Sono – necessidade de dormir (to be sleepy)
Ouvir – escutar (to listen)
Ladrão – pessoa que rouba (thief)
Medo – receio, terror (fear, to be afraid)
Luz – o que dá claridade (light)
Vaso – objeto para uso de plantas e flores (vase)

Algum / a x nenhum / a
Quando usamos **algum / a** precisamos especificar, como algum livro, alguma caneta, algum professor, algum engenheiro, algum médico, algum apartamento, alguma casa, etc.

Você tem **algum** dinheiro no bolso?
Você tem **alguma** caneta para me emprestar?

Nenhum/a **se usa na** negativa. Não, eu não tenho nenhuma.

Alguém x ninguém
Esses se referem somente a pessoas.
Alguém = alguma pessoa.
Tem **alguém** na janela agora? Não, não tem **ninguém**.

Todos (precisa se especificar o que é).
Todos os livros, todas as canetas, todos os alunos, todos os professores, todas as pessoas, todos os telefones, todas as casas, etc.

Tudo – (não se especifica). Quando usamos tudo, nos referimos a todas as coisas.
Tudo que está na mesa. (lápis, papel, caneta, telefone, livro, tudo)

Ambos

Eu tenho dois livros, **ambos** são de português.
Ela tem dois carros, **ambos** são americanos.
Em cima da mesa têm dois livros, **ambos** são de português.

Complete com alguém, ninguém, algum/a, nenhum/a, tudo, todos/as.
Ex. Alguém aqui tem um dicionário de italiano?
　　Não, ninguém tem.
_____aqui é médico?
Não, _____aqui é médico.
_____vai para Copacabana?
Não, _____vai para Copacabana.
Você tem _____livro de italiano?
Não tenho _____.
_____as janelas são de vidro?
Sim, _____as janelas são de vidro.
_____as cadeiras são marrons?
Sim, _____as cadeiras são marrons.
_____ as mesas são marrons?
Sim, _____as mesas são marrons.
_____as camas são marrons?
Sim, _____as camas são marrons.
_____ aqui é marrom?
Sim, _____ é marrom.
Tem alguém no seu carro agora?
Não, _____.
Tem alguém no seu escritório agora?
Tem alguém atrás de você agora?
Tem alguém nos Bancos à meia-noite?

UM POUCO SOBRE O BRASIL

Bossa Nova

A Bossa Nova nasceu na zona sul do Rio de Janeiro, na virada dos anos 50 e 60. Até essa época, a música popular brasileira, em sua maioria, era criada nos morros ou nos botequins da boemia. A partir daí, a classe média começa a participar intensamente, trazendo para os temas musicais a realidade da zona sul carioca.

Relógio

São nove e meia

São dez e nove minutos

São oito e trinta e cinco

Plural

As palavras terminadas por vogal formam o plural acrescentando-se **s** no final.
Ex. livro - livros, telefone - telefones, mesa - mesas

As palavras terminadas por **z** e **r** formam o plural acrescentando-se **es** no final
Ex. cruz- cruzes, par - pares

As palavras terminadas em **m** formam o plural com **ns** no final
Ex. um - uns, jardim - jardins

As palavras terminadas em **l** formam o plural sem o **l** e acrescentando **is**
Ex. papel - papéis, jornal - jornais, hotel - hotéis

As palavras terminadas em **ão** não têm uma regra. Podem fazer o plural em
"ãos, ães e **ões"**
Ex. mão - mãos, pão - pães, ação - ações, irmão - irmãos

As palavras terminadas em **il,** em vogal átona, fazem a passagem do **i** para **e.**
Ex. fácil - faceis
   réptil - repteis

As palavras terminadas em **il**, vogal tônica, formam o plural com **s.**
Ex. funil - funis
   barril - barris

As palavras seguintes não se modificam no plural:
Ex. o pires - os pires / o lápis - os lápis
   a cútis - as cútis

Passe para o plural :

Ex. A casa é branca   - As casas são brancas.

1 - A mesa é grande. _____.

2 - O hotel é confortável. _____.

3 - O papel é grosso. _____.

4 - O jardim está bonito. _____.

5 - A janela é marrom. _____.

6 - O bar está cheio. _____.

7 - Eu tenho um irmão. _____.

8 - O papel é amarelo. _____.

9 - O casal está feliz. _____.

10 - No jardim há uma flor. _____.

11 - O quintal está limpo. _____.

12 - A canção é bonita. _____.

13 - A música é lenta. _____.

14 - O teste é fácil. _____.

15 - O ônibus chega às 2 h. _____.

16 - O cantor canta bem. _____.

17 - O anel é de ouro. _____.

18 - O hotel é bom. _____.

19 - O pires está em cima da mesa. _____.

20 - O papel é azul. _____.

21 - Eu como muito pão. _____.

22 - Ele é alemão. _____.

23 - O jornal está em cima da mesa. _____.

24 - O trem é muito rápido. _____.

25 - Este jogador é muito bom. _____.

26 - Ele tem de resolver à sua vida. _____.

27 - Ele escreve uma canção. _____.

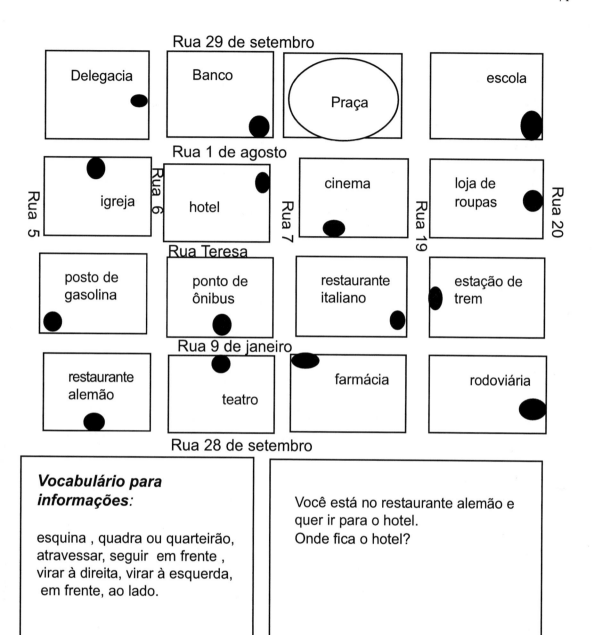

Rua 29 de setembro

| Delegacia | Banco | Praça | escola |

Rua 1 de agosto

Rua 5 — Rua 6 — Rua 7 — Rua 19 — Rua 20

| igreja | hotel | cinema | loja de roupas |

Rua Teresa

| posto de gasolina | ponto de ônibus | restaurante italiano | estação de trem |

Rua 9 de janeiro

| restaurante alemão | teatro | farmácia | rodoviária |

Rua 28 de setembro

Vocabulário para informações:

esquina , quadra ou quarteirão, atravessar, seguir em frente , virar à direita, virar à esquerda, em frente, ao lado.

Você está no restaurante alemão e quer ir para o hotel.
Onde fica o hotel?

Você está na escola.
Onde fica o restaurante alemão?
Onde fica o restaurante italiano?
Onde fica a delegacia?
Onde fica a rodoviária?
Onde fica a farmácia?

No Brasil

Agora Daniel está estudando.
Agora Júlia está almoçando.
Agora eu estou comendo.
Nós estamos tomando café da manhã.

Em Portugal

Agora Daniel está a estudar.
Agora Júlia está a almoçar.
Agora eu estou a comer.
Nós estamos a tomar o pequeno almoço.

Em Portugal se usa o verbo **estar a + Infinitivo**, quando estamos fazendo algo agora, neste momento.

Eu estou a beber
Tu estás a falar
Você está a trabalhar
Ele está a dormir
Ela está a jogar
Nós estamos a dançar
Vocês estão a escrever
Eles, elas estão a correr

Exercícios para os alunos que vão a Portugal ou Angola.

Complete como no exemplo:

Ex. Eu bebo água todos os dias.   <u>Agora eu estou a beber água.</u>

1 -Eu trabalho todos os dias.   Agora_____.
2 -Ela come todos os dias.   Agora_____.
3 -Teresa compra um livro.   Neste momento_____.
4 -Marcos joga bola.   Neste momento_____.
5 -Rosa come pizza todos os dias.   Agora_____.
6 -Simone brinca com o cachorro.   Agora_____.
7 -Todos os dias nós lemos o jornal.   Agora_____.
8 -Todos os dias eles comem no restaurante. Agora_____.
9 -Maria corre todos os dias.   Agora_____.
10 -Marcelo fala italiano.   Agora_____.
11 - Bianca dança todos os dias.   Agora_____.
12 -Mateus joga bem.   Agora_____.
13 -Mônica canta bem.   Agora_____.
14 -Adriana viaja todos os anos.   Agora_____.
15 -Eu estudo todos os dias.   Agora_____.

CAPÍTULO 6

No ano passado, o Sr. Lake foi à Espanha. Ele chegou em Madrid às 8 h. da manhã e passou todo o dia lá. À noite, pegou um trem para Barcelona. Pela manhã do dia seguinte, foi conversar com um empresário, e almoçaram juntos num bom restaurante, onde comeram uma paella de frutos do mar e beberam um bom vinho. O Sr. Lake fez um bom negócio com este empresário. Ao se despedirem, ele foi ver um pouco de artes, e decidiu ir à "Casa de Picasso". À noite, ele pegou outro trem e foi para Portugal. Em Lisboa, falou com outro empresário, e também almoçaram juntos, uma deliciosa bacalhoada. Resolveu muitas coisas por lá, e tirou dois dias para passear. Ele foi ao Castelo de S. Jorge, a Cascais, ao Estoril e a Belém, onde comeu os saborosos pastéis de Belém. Também foi assistir um fado. Ele fez todos os passeios sozinho e gostou muito da viagem. Sentiu saudades de sua família e então voltou para o Brasil.

Vocabulário
Saboroso - sabor muito bom (tasty)
Saudade - lembrança triste de pessoas ou lugares distantes (longing, to miss someone)
Delicioso - muito bom (delicious)
Bacalhau - tipo de peixe (Codfish)
Fado – música típica de Portugal
Passeios - ir a vários lugares. Passear no parque, na praia (stroll, take a walk)

Responda:
1 - Para onde o Sr. Lake foi o ano passado?
2 - A que horas ele chegou em Madrid?
3 - Em Barcelona, com quem ele conversou?
4 - Onde eles foram?
5 - O que eles comeram?
6 - Depois do almoço, onde o Sr. Lake foi?
7 - À noite, para onde ele foi?
8 - Com quem ele falou em Lisboa?
9 - O que eles comeram?
10 -Por onde o Sr. Lake passeou?

Pretérito Perfeito dos verbos regulares

AR　　　　　**ER**　　　　　**IR**

TOMAR　　　　**BEBER**　　　　**ABRIR**

Eu tom**ei**　　　　Eu beb**i**　　　　Eu abr**i**
Você tom**ou**　　　Você beb**eu**　　Você abr**iu**
Ele tom**ou**　　　　Ele beb**eu**　　　Ele abr**iu**
Nós tom**amos**　　Nós beb**emos**　Nós abr**imos**
Eles tom**aram**　　Eles beb**eram**　Eles abr**iram**
Vocês tom**aram**　Vocês beb**eram**　Vocês abr**iram**

Complete com o Pretérito Perfeito dos verbos indicados:

Ontem você _____ (ir) à festa de Vera?
Sim, eu _____. (ir)
O que você comeu lá?
Eu _____ (comer) empadinha.
Você _____ (dançar) muito?
Sim, eu _____.(dançar)
Você _____ (beber) vinho ou caipirinha?
Eu _____ (beber) vinho.
A Vera _____ (ganhar) muitos presentes?
Sim, _____. (ganhar)
A que horas a festa_____ (começar)?
_____ (começar) às 10h e _____ (terminar) às 4h da madrugada.
A que horas você _____? (sair)
Eu _____ (sair) às 2h.
Você _____ (ver) a Carla?
Sim, eu a _____. (ver)
Ontem você _____ (ir) ao escritório pela manhã?
_____. (ir)
Quem _____ (escutar) o presidente?
Ele _____ (vender) muitas flores?
Eu _____ (esperar) por você.
Ontem eu _____ (estudar) português.
Ontem ela _____ (gastar) muito dinheiro na loja.
Eu _____ (perder) muito dinheiro em Las Vegas.
Semana passada eles _____ (viajar) para o Brasil.
Ontem eu me _____ (sentar) naquela cadeira.
Ontem eu _____ (jantar) às 10h.
Domingo passado o Fla _____ (empatar) com o Vasco.
Você _____ (descansar) no fim de semana?
Ontem você _____ (tomar) muito café?
Semana passada eu _____ (tomar) café da manhã com Paulo.
Ontem você _____ (tomar) muito vinho?
Você _____ (precisar) ir ao Consulado do Brasil para conseguir um visto?
O que você _____ (comer) no avião?
Ontem você _____ (ler) o jornal?
Semana passada, eles me _____ (escrever).

Eu não _____ (escrever) para eles.
Eu _____ (ler) a notícia no jornal.
Quem _____ (pagar) a conta no restaurante?
Eu não _____ (pagar) nada.
Veja como ele _____ (olhar) para você.
Eles _____ (comprar) uma casa muito bonita.
Ontem você _____ (caminhar) no parque?
Eu _____ (correr) dois quilômetros.

PRETÉRITO PERFEITO VERBOS IRREGULARES

IR /SER
Eu fui
Você foi
Ele/ela foi
Nós fomos
Eles foram

TER
Eu tive
Você teve
Ele /ela teve
Nós tivemos
Eles tiveram

ESTAR
Eu estive
Você esteve
Ele/ela esteve
Nós estivemos
Eles estiveram

TRAZER
Eu trouxe
Você trouxe
Ele/ela trouxe
Nós trouxemos
Eles trouxeram

DIZER
Eu disse
Você disse
Ele/ela disse
Nós dissemos
Eles disseram

VIR
Eu vim
Você veio
Ele /ela veio
Nós viemos
Eles vieram

DAR
Eu dei
Você deu
Ele/ ela deu
Nós demos
Eles deram

PÔR
Eu pus
Você pôs
Ele/ela pôs
Nós pusemos
Eles puseram

FAZER
Eu fiz
Você fez
Ele, ela fez
Nós fizemos
Eles fizeram

PODER
Eu pude
Você pôde
Ele, ela pôde
Nós pudemos
Eles puderam

QUERER
Eu quis
Você quis
Ela quis,
Nós quisemos
Eles quiseram

SABER
Eu soube
Você soube
Ela soube
Nós soubemos
Elas souberam

RESPONDA:

Ontem você fez ginástica?

Sim, eu fiz.

Você trouxe seu livro de Português?

Sim, eu trouxe.

Você disse a verdade?

Eu disse quase toda a verdade.

Ontem você esteve aqui?

Não, eu não estive.

Você teve aula de português no domingo?

Não, eu não tive.

Você foi ao cinema no fim de semana?

Eu fui.

Como você veio para cá?

Eu vim de carro.

Quem você viu quando chegou aqui?

Eu vi um homem alto.

Você viu um avião?

Eu não vi.

Você veio de avião?

Eu não vim.

Domingo passado eu acordei tarde, e depois fui à praia. Meu amigo Marcos também foi. Ele veio se encontrar comigo aqui em casa. Ele trouxe uma carne para fazermos um churrasco. Depois da praia, nós fizemos um pouco de ginástica, andamos de bicicleta, e depois ficamos com muita fome. Fomos para casa e preparamos um delicioso churrasco e uma deliciosa caipirinha. Às 11h. eu fui dormir. Na segunda-feira, acordei às 7h. Foi difícil me levantar, pois fiquei muito cansada com tudo que fiz no dia anterior, e acordei de ressaca!

Agora conte o que você fez no domingo passado.

_____
_____
_____
_____
_____
_____
_____
_____
_____
_____

Responda:

1 - No domingo, eu acordei cedo?

2 - Onde eu fui?

3 - Quem mais foi?

4 - Onde nós nos encontramos?

5 - O que ele trouxe?

6 - O que fizemos depois da praia?

7 - Como eu me levantei no dia seguinte?

COMPLETE NO PRETÉRITO PERFEITO COM O VERBO INDICADO:

Semana passada, eu _____ **(trabalhar)** muito. Depois eu fui ao restaurante. _____ **(comer)** batatas fritas e _____ **(beber)** uma cerveja. Duas horas depois, _____ **(encontrar)** - me com um amigo, _____ **(escutar)** música e _____ **(dançar)**.

Quando eu _____ **(perguntar)-** lhe as horas, já era muito tarde. Eu _____ **(pedir)** para ele me levar em casa. Ele _____ **(responder)** - me que sim. No dia seguinte, eu _____ **(viajar)**, e o avião _____ **(partir)** atrasado.

Durante a viagem, eu_____**(ler)** um livro de português, e _____ **(entender)** tudo. Fiquei muito feliz, porque _____ **(aprender)** bem nas minhas aulas.

Forme sentenças no Pretérito Perfeito com os verbos indicados:

(caminhar)
(correr)
(andar)
(trabalhar)
(esperar)
(começar)
(terminar)
(comer)
(aprender)
(entender)
(ensinar)
(pegar)
(beber)
(gostar)
(preferir)
(conhecer)
(abrir)
(partir)
(perguntar)
(pedir)
(saber)
(vir)
(sair)

Responda no Pretérito Perfeito, como no exemplo:

1 - Vamos jantar?
- Eu já jantei.

2 -Você quer comer?
- Eu já comi.

3 - Você quer tomar um suco?
- Eu já tomei.

4 -Vamos assistir este filme?

5 - Vamos visitar a Júlia?

6 - Você quer beber água?

7 - Você quer ler este livro?

8 -Você quer almoçar?

9 -Você pode trazer o meu livro?

10 -Você pode pôr o carro na garagem?

11 - Vamos ao médico?

12 -Vamos aprender a dançar?

13 -Vamos pedir um guaraná?

14 -Você vai escutar a fita de português?

Passe para o Pretérito Perfeito começando com "ontem". Repita cada sentença usando eu, ela, eles.

EX. Saio de casa às 7h.

Ontem eu saí de casa às 7h.

Ontem ela saiu de casa às 7h.

Ontem eles saíram de casa às 7h.

1 - Todos os dias eu trabalho muito.

2 - Faço meu café da manhã.

3 - Tomo café às 7h.

4 - Ponho minha pasta no carro.

5 - Tenho um ótimo dia.

Ontem (yesterday)   **hoje** (today)   **amanhã** (tomorrow)

Dias da semana

Domingo
Segunda-feira
Terça-feira
Quarta-feira
Quinta-feira
Sexta-feira
Sábado

Que dia é hoje?

Que dia é amanhã?

Que dia foi ontem?

Que dias você tem aulas de português?

Que dias você não trabalha?

Um ano tem 12 meses. Um mês tem quatro semanas. Uma semana tem sete dias. Um dia tem 24 horas. Uma hora tem sessenta minutos. Um minuto tem 60 segundos.

Os meses do ano são:

janeiro, fevereiro, março, abril, maio, junho, julho, agosto, setembro, outubro, novembro, dezembro.

O primeiro mês do ano é janeiro e o último é dezembro. Dezembro é o mês do Natal. Setembro é o mês da Independência do Brasil. Abril é o mês do descobrimento do Brasil.

Qual o mês da Independência do seu país?

Qual o mês do seu aniversário?

Qual o mês que se comemora o Natal?

Qual o mês que se comemora a Independência dos Estados Unidos?

Qual o mês que se comemora a Independência do Brasil?

Faça as perguntas como no exemplo:

1 - Ontem eu fui ao cinema.   P. Onde você foi ontem?

2 - Sim, eu tomei um vinho.   _____?

3 - Eu comprei um carro.   _____?

4 - Eu comi lagosta.   _____?

5 - Sim, ela viajou para o Brasil. _____?

6 - Não, eu me deitei cedo.   _____?

7 - Eu fiz uma salada e um arroz com camarão. _____?

8 - Ela fez a sobremesa.   _____?

9 - Ontem à noite ela fez ginástica.   _____?

10 - Eu ainda não fiz minhas malas.   _____?

11 - Não, eu não sai ontem.   _____?

12 - Não, ele não vendeu nada.   _____?

OS JORNAIS

Sr. Lake fez assinatura dos três jornais mais importantes no Brasil: O Globo, o Jornal do Brasil e a Folha de São Paulo. Assim, ele estará atualizado com as notícias. Para aprofundar nos assuntos, nos fins de semana, ele compra nas bancas, a revista Veja. Sem dúvida, a família poderá encontrar a programação dos teatros, cinemas e shows musicais que tanto aprecia.

Vocabulário

Assinatura – (subscription)

Atualizar – (update)

Faça as perguntas, como no exemplo:

Sim, eu trouxe meu livro.   P. Você trouxe seu livro?

Não, ontem eu não vim aqui.   P. _____?

Sim, eu soube da verdade.   P. _____?

Não, ela não disse a verdade.   P. _____?

Sim, ele me deu o livro.   P. _____?

Não, eu não estive lá.   P. _____?

Sim, eu tive um carro branco.   P. _____?

Sim, eu vi as garotas na praia.   P. _____?

Não, ele não trouxe a pasta.   P. _____?

Sim, nós trouxemos as revistas.   P. _____?

Não, nós não viemos de avião.   P. _____?

Não, eu não pude ir.   P. _____?

Complete com o Pretérito Perfeito dos verbos indicados:

1 - Semana passada eu _____ à praia. (ir)
2 - Ontem ela _____ meu livro. (trazer)
3 - Ela me _____ a verdade. (dizer)
4 - Ele _____ todo o trabalho sozinho. (fazer)
5 - Ontem eu _____ de carro, mas ele _____ de ônibus. (vir – vir)
6 - Ontem, eu a _____. (ver)
7 - Ela _____ o livro na mesa. (pôr)
8 - Eu não _____ aqui semana passada. (vir)
9 - Você _____ de tudo? (saber)
10 - Nós não _____ aqui ontem. (estar)
11 - Eu _____ uma dor de cabeça. (ter)
12 - Você me _____ um vinho muito bom. (dar)
13 - Eu _____ uma viagem à França. (fazer)
14 - Eu não _____ ir à festa. (poder)
15 - André não _____ Júlia na praia. (ver)
16 - Ela não _____ comprar a casa. (poder)

17 - Aquele sr. _____ uma cirurgia semana passada. (fazer)

18 - Ontem você _____ aqui? (vir)

19 - Não, eu não _____. (vir)

20 - Ontem eu _____ sua irmã no cinema. (ver)

21 - Ela o _____ também? (ver)

22 - Não, ela não me _____. (ver)

23 - Nós _____ o possível, mas não conseguimos falar com ele. (fazer)

Já / Ainda não

Você já terminou de ler o livro de português?

Ainda não.

Você já fala muito bem o português?

Ainda não.

Júlia já chegou?

Sim, ela já chegou.

Responda com já ou ainda não

1 - Você já almoçou? _____

2 - Você já foi ao Brasil? _____

3 - Você já terminou a lição 13? _____

4 - Você já visitou Paris? _____

5 - Você já visitou Moscou? _____

6 - Você já foi à Índia? _____

7 - Você já tomou guaraná? _____

8 - Você já comeu feijoada? _____

9 - Você já jantou? _____

10 - Você já tomou café da manhã? _____

11 - Você já passou o Natal no Brasil? _____

12 - Você já assistiu ao último filme brasileiro? _____

13 - O carteiro já passou? _____

14 - A aula de português já começou? _____

15 - John e sua família já estão no Brasil? _____

16 - Eles já voltaram para os Estados Unidos? _____

17 - Você já terminou seu dever de casa? _____

18 - Você já viajou de avião? _____

19 - O homem já foi à Lua? _____

20 - Você já fala bem o português? _____

Complete as seguintes sentenças usando para + infinitivo, como no exemplo abaixo:

Ex. Eu não tenho dinheiro suficiente para viajar neste fim de semana.

1 - Ontem eu estava muito cansada para _____.

2 - Este café está muito quente _____.

3 - Esta carne está muito crua _____.

4 - João não é rápido suficiente _____.

5 - Eu tenho bastante dinheiro _____.

6 - Marcelo só tem seis anos _____.

7 - O carro de Bianca não tem gasolina suficiente _____.

8 - Mônica não tem altura suficiente _____.

9 - Este exercício é muito fácil _____.

10 - Ontem Andréa foi ao restaurante _____.

11 - Domingo passado Thiago foi ao cinema _____.

12 - Matheus está nadando muito rápido _____.

13 - Felipe joga muito _____.

14 - Bianca dança muito bem_____.

15 - Júlia se encontrou com Marcos _____.

16 - Roni convidou Célia_____.

17 - Hoje está muito frio. O tempo está bom _____.

Responda:

Ano passado John foi à Espanha?

_____.

E Mary também foi?

_____.

No ano passado você foi a Portugal?

_____.

Ontem John conversou com um empresário?

_____.

E você, também conversou?

_____.

No restaurante, John bebeu um bom vinho?

_____.

E você também bebeu?

_____.

Em Portugal, John comeu uma bacalhoada?

_____.

E você, também comeu?

_____.

John assistiu a um fado?

_____.

Mary e Júlia também assistiram?

_____.

E você, assistiu a um fado com John?

_____.

John sentiu saudades de sua família?

_____.

No ano passado, quando você viajou, você também sentiu saudades de sua família?

_____.

John gostou de passear em Lisboa?

_____.

Quem almoçou com John em Barcelona?

_____.

Com quem você almoçou ontem?

_____.

Com quem você jantou no domingo passado?

_____.

Você gostou das suas últimas férias?

_____.

Como você veio de casa para cá?

_____.

E seu amigo, como veio?

_____.

Você viu a briga entre o Carlos e o Pedro?

_____.

E sua esposa também viu?

_____.

Passado Contínuo

Ontem, quando eu entrei na casa de John, ele estava lendo jornal, Mary estava assistindo tv, Júlia estava escutando música, Daniel estava estudando e o cachorro estava dormindo.

O Passado Contínuo
é formado com o Imperfeito do Indicativo do verbo estar + Gerúndio.

Eu estava jantando
Você estava almoçando
Ele estava viajando
Nós estávamos jogando
Eles estavam trabalhando
Vocês estavam saindo

Complete com o Passado Contínuo:

1 - Quando você me telefonou, eu <u>estava jantando</u> .**(jantar)**

2 - Quando meu filho chegou, eu _____ _____ .**(dormir)**

3 - Quando Marcos entrou na loja, eu _____ _____ um vestido.**(comprar)**

4 - Quando o telefone tocou, ela _____ _____ banho. **(tomar)**

5 - Quando Marcelo chegou, ela _____ _____ .**(almoçar)**

6 - Quando você chegou, nós _____ _____ .**(trabalhar)**

7 - Quando meu chefe chegou, eu _____ _____ cartas.**(jogar)**

8 - Quando Júlia acordou, seus primos _____ _____.**(nadar)**

Quando a pizza chegou, ela estava lendo um relatório.

85

O Corpo Humano

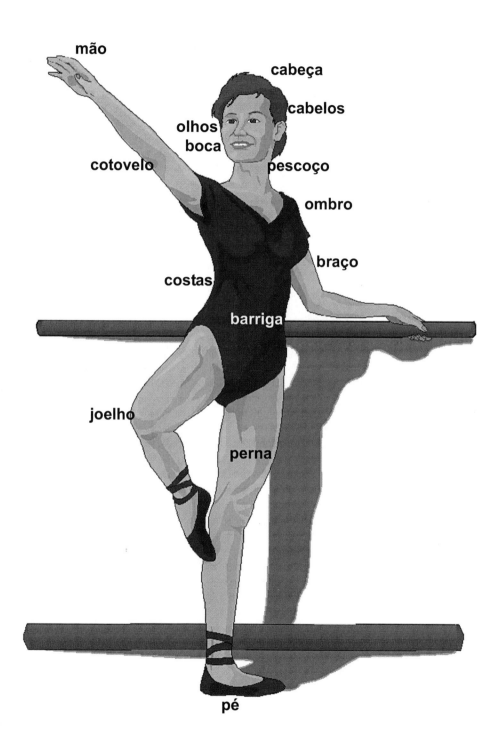

mão

cabeça

cabelos

olhos

boca

cotovelo

pescoço

ombro

braço

costas

barriga

joelho

perna

pé

Traduza:

1) Don't worry!

_____

2) That's Ok.

_____

3) I missed you.

_____

4) I lost a lot of money.

_____

5) He drank too much.

_____

6) So, you are not hungry.

_____

7) Did you see her yesterday?

_____

8) Did you give him any money?

_____

9) Could I see you at the restaurant?

_____

10) Please, may I speak with André?

_____

11) Do you want to marry me?

_____

12) Do you love me?

_____

13) Do you remember my husband's first wife?

_____

14) What do you need?

_____

15) Let's go!

_____

16) Come here!

_____

Órgãos do Corpo Humano

coração   (heart)
pulmão   (lungs)
estômago   (stomach)
fígado   (liver)
visícula   (gall bladder)
rim   (kidney)
bexiga   (bladder)
intestino   (intestine)
pâncreas   (pancreas)

Têrmos médicos

Marcar hora   (make an appointment)
Caimbra   (cramp)
Sentir-se tonto   (feel dizzy)
Queimar-se   (burn (your) self)
Tossir   (cough)
Erupção   (rash)
Calafrios   (chills)
Formigamento   (tingling)
Sonolência   (drowsiness)
Dormente, insensibilidade   (numbness)
Quebrar um osso   (break a bone)

No Dentista
A cárie   (cavity)
A obturação   (filling)
Arrancar, extrair um dente   (pull a tooth)

```
W  U  P  B  O  C  A  S  S  D
E  V  I  S  I  C  U  L  A  B
S  B  R  A  Ç  O  P  S  E  W
T  Y  P  A  N  C  R  E  A  S
Ô  Z  T  R  I  M  Q  I  A  H
M  N  E  O  U  B  G  R  S  T
A  B  S  B  H  V  L  W  N  M
G  E  T  Z  O  P  E  R  N  A
O  Q  A  O  F  D  Q  E  U  X
M  L  V  C  Ã  R  A  Ç  U  O
V  E  G  O  C  Ç  R  N  X  L
F  Í  G  A  D  O  A  C  P  E
B  A  R  R  I  G  A  R  H  B
R  O  I  J  O  E  L  H  O  A
E  P  Q  C  A  W  E  R  N  C
```

ACHE AS PALAVRAS:
CORAÇÃO
VISÍCULA
FÍGADO
ESTÔMAGO
RIM
JOELHO
PÂNCREAS
BRAÇO
PERNA
BARRIGA
PÉ
BOCA
CABELO

Use a sua imaginação e escreva uma estória usando as figuras abaixo.

_____
_____
_____
_____
_____
_____
_____
_____
_____

Vegetais e legumes

Abóbora - pumpkin
Alface - lettuce
Aipim ou mandioca - cassava
Alcachofra - artichoke
Abobrinha - zucchini
Aipo - celery
Aspargo - asparagus
Batata - potato
Batata doce - sweet potato
Beterraba - beets
Beringela - eggplant
Brócolis - broccoli
Agrião - watercress
Cebola - onion
Chuchu - chayote
Couve - collard greens
Cogumelo - mushroom
Couve-flor - cauliflower
Cenoura - carrot
Espinafre - spinach
Milho - corn
Pepino - cucumber
Pimentão - pepper
Palmito - heart palm
Quiabo - okra
Rabanete - radish
Repolho - cabbage
Tomate - tomato
Vagem - green beans

Carnes

carne

frango

camarão

lagosta

peixe

Frutas

Abacaxi – pineapple
Abacate – avocado
Banana – banana
Cereja – cherry
Coco – coconut
Fruta de conde – sweetsop
Goiaba – guava
Jabuticaba – jaboticaba (a tipe of berry)
Jaca – Jackfruit
Laranja – orange
Maçã – apple
Mamão – papaya
Manga – mango
Maracujá – passion fruit
Melão – melon
Melancia – watermelon
Morango – strawberry
Pêssego – peach
Pera – pear
Tangerina – tangerine
Uva – grape

Escreva o nome de quatro frutas vermelhas.

Escreva o nome de duas frutas verdes.

Qual é a fruta que é vermelha por fora e branca por dentro?

Qual é a fruta que é marrom ou verde por fora e branca por dentro?

Escreva o nome de duas frutas que comecem com a letra "**p**".

Qual é a fruta que você gosta mais?

CAPÍTULO 7

EMPRÉSTIMO

Faz um ano que o Sr. Lake abriu uma conta num banco. Ele vai conversar com o gerente porque quer comprar um apartamento e precisa de um empréstimo.

Gerente – Bom dia! Em que posso lhe ajudar?

Sr. Lake – Eu quero comprar um apartamento e preciso de um empréstimo. Não posso pagá-lo à vista.

Gerente – Pois não. Quanto o Sr. precisa?

Sr. Lake – Preciso de R$600.000,00

Gerente – Tudo isso? É muito dinheiro.

Sr. Lake – Eu tenho R$250.000,00 para dar de entrada, e preciso financiar o resto.

Gerente – Vou ver seu saldo médio.
(cinco minutos depois)
Bem, o Sr. tem um bom saldo médio. Deve demorar umas duas semanas, está bem?

Sr. Lake – Sim, eu espero. Qual a taxa de juros?

Gerente – Os juros são 8%. O Sr. tem que preencher estes formulários.

Sr. Lake – Esta certo. Levarei-os para casa, e os trarei amanhã. Foi muito prazer conhecê-lo.

Gerente- O prazer foi meu.

Vocabulário:
À vista   (in cash)
Demorar   (delay)
Empréstimo   (loan)
Entrada   (down payment)
Financiamento   (borrowing, lending, financing)
Financiar   (to finance)
Juros   (interest)
Preencher   (to fill it out)
Saldo médio   (average balance)

Mais vocabulário de negócio:

Ações   (stocks)

Desperdício   (waste)

Despesa   (expense)

Despesas de viagem   (traveling expenses)

Diariamente   (daily)

Fatura   (invoice)

Fiador   (sponsor, guarantor)

Filial, agência, sucursal   (branch)

Lista de preço (price list)

Leilão   (auctions)

Lucro   (profit, earnings, gain)

Matéria prima (raw material)

Matricular   (to register)

Matriz   (main office, headquarters, matrix, Head)

Mensalmente   (monthly)

Moeda, dinheiro (currency)

País em desenvolvimento (developing country)

Patrocinador   (sponsor)

Pedágio   (toll)

Petróleo bruto (crude oil)

Prejuízo   (loss)

Processar   (sue, prosecute)

Processo   (process, lawsuit)

Quinzenalmente (every two weeks)

Semanalmente   (weekly)

Venda   (sale)

Venda a prazo (credit sale)

Venda à prestação (installment sale)

O Sr. Lake precisa comprar tudo novo para a casa: mesa, cadeiras, copos, sofá, etc. A mesa que ele quer é de madeira, as cadeiras também são de madeira, os copos de vidro, o sofá de couro.

De que é feita a sua mesa?

E suas cadeiras?

E seus copos?

E seu sofá?

Escreva como são os móveis de sua casa:

_____

_____

_____

COMPLETE A COLUNA DA DIREITA DE ACORDO COM A ESQUERDA

1 - patrocinador   ( ) primeiro pagamento de uma compra
2 - prejuízo   ( ) fiador
3 - fatura   ( ) cada ano
4 - mensalmente   ( ) cobrança
5 - entrada   ( ) perda
6 - anualmente   ( ) cada mês
7 - juros   ( ) pegar dinheiro emprestado
8 - visto   ( ) pagar tudo de uma vez
9 - à vista   ( ) uma quantia que pagamos a mais, quando devemos
10 - empréstimo   ( ) é preciso termos no passaporte, quando viajamos para fora do país

Complete o diálogo:

Gerente - Bom dia! Em que _____ _____ _____?
Sr. Lake - Eu quero comprar um _____ e _____ __ __
_____. Não posso pagá-lo ___ _____.
Gerente - _____ _____, quanto o Sr. _____?
Sr. Lake - _____ _____ _____.
Gerente - Tudo isso! _____ _____ _____.

Complete os espaços em branco com as palavras corretas abaixo:

À vista - visto - entrada - juros - prejuízo - empréstimo

O Sr. Lake não tem todo o dinheiro para pagar o apartamento _____ _____.
Ele vai precisar pedir um _____ no banco.
Por esse empréstimo, ele pagará 8% de _____.
Ele tem $250.000 para dar de _____.
Quando ele veio para o Brasil, precisou de um _____ de trabalho.
O amigo de John perdeu muito dinheiro com seus negócios. Ele teve um _____ muito grande.

toalha

cortina

chuveiro

estante

travesseiro

banheira

tesoura

privada

cabide

cama

fogão

fósforo

chaleira

panela

torneira

liquidificador

garfo

colher

prato

pia

faca

furador

grampeador

carimbo

vassoura

escrivaninha

Acentuação gráfica

Acentuam-se as palavras oxítonas terminadas em: **a** (s)**, e** (s)**, o** (s)**, em, ens**.

Ex.Café, avó, também, já.

Acentuam-se as palavras paroxítonas terminadas em: **l, r, x, ã** (s), i(s), **us, um**.
uns, om, ons, oo, oos.
Ex. Possível, açúcar, Vênus, álbum, perdôo.

Acentuam-se as paroxítonas terminadas por ditongos.
Ex. colégio, infância.

Acentuam-se todas as palavras proparoxítonas.
Ex. pássaro, último, lâmpada.

Acentuam-se a primeira vogal aberta dos ditongos éi, éu, ói.
Ex. céu, dói, chapéu.

Acentue corretamente as palavras:

Seculo – logica – voos – proximo – Jerusalem – ridicula – antipatico – voce – Venus – sofa – mes – torax – rapido – silaba – duvida – chapeu – so – alem – amanha – apos – cerimonia – residencia – Independencia – paises – tres – ninguem – exercito – fe – habito – ignorancia – confiavel – domestica – musica - onibus - aviao - irma - irmao - verao

Crase

Contração da preposição **a** com o artigo **a**.
Usa-se crase antes de palavras femininas precedidas do artigo **a**.
Troque a palavra feminina por uma masculina. Se aparecer **ao**, usa-se crase no feminino.

Ex. Vou a festa.   Vou **ao** restaurante.   Vou **à** festa.

Antes de nome próprio:
Troque a preposição **a** por **em**, usando o verbo estar. Se o **a** se transformar em **na**, usa-se crase.

                                        correto

Vou a França.   Estou **na** França.   Vou **à** França.

Vou a Portugal.   Estou em Portugal.   Vou a Portugal.

não usa-se crase em " Vou a Portugal" porque Portugal não pede nenhum artigo.

Usa-se crase nas locuções adverbiais formadas de palavras femininas.

À medida que   Às pressas   À procura de

Não usa-se crase:

- Antes de nomes masculinos.
- Antes de verbos.
- Antes de pronomes pessoais ou
- Pronomes de tratamento.
- Antes de esta e essa.
- Antes da palavra casa (a casa onde você mora).

Ponha crase onde for necessário:

1 - Ela foi a igreja.

2 - O candidato foi a Tijuca.

3 - Ele foi a Copacabana.

4 - A noite, ele não consegue dormir.

5 - Eu acordei as duas horas.

6 - Eu já comecei a ler o livro.

7 - Você já foi a Argentina?

8 - Você já foi a Roma?

9 - A partir de hoje, estudarei português.

10 - Não me referi a ela.

11 - Cheguei as 2h.

12 - Ele vai a praia.

13 - Ela compra a caneta.

14 - Ela nunca foi a Portugal.

15 - Você sempre vai a festa?

16 - Maria vai a Venezuela.

17 - Ela vai a Caracas.

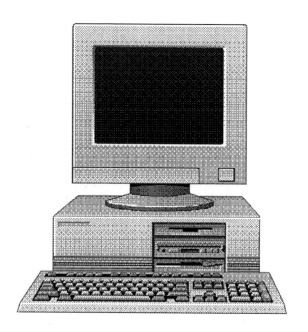

Computador

Arquivo - File
Editar   - Edit
Inserir   - Insert
Formatar   - Format
Ferramentas - Tools

Criar email - Create Mail
Responder - Reply
Encaminhar - Forward
Imprimir   - Print
Enviar / Receber - Send/ Recv
Endereço   - Address
Copiar   - Copy
Colar   - Past

Senha - Password
Teclado   - Keyboard
Impressora - Printer
O cabo   - cable
Abertura/ slot - slot
Disco rígido - Hard disk drive

CAPÍTULO 8

Ouro Preto

A Independência do Brasil é comemorada no dia 7 de setembro. Neste dia é feriado. Daniel foi para Ouro Preto com uns amigos. Quando voltou, falou sobre sua viagem com sua família.

Daniel - Ouro Preto é uma cidade antiga. Tem muitas igrejas com muitas obras de arte do famoso artista Aleijadinho.

Júlia - É verdade que nesta cidade existem muitas ladeiras?

Daniel - Sim, quase todas as ruas são ladeiras. A cidade não é muito grande, mas é muito interessante. As igrejas e suas obras de arte. Algumas por dentro são revestidas de ouro.

Mary - Que interessante! John, a gente precisa conhecer esta cidade. Parece muito interessante!

Daniel - A comida mineira é muito boa. Em Minas Gerais come-se muitas verduras, frango, carne de porco, linguiça, pão de queijo e broa de milho. As sobremesas são deliciosas. Doce de mamão maduro e verde, doce de leite, doce de goiaba, e muitas outras.

John - Isto é um perigo, pois a gente pode engordar muito.

Daniel - Caminhando pela cidade, subindo e descendo ladeiras, queima-se muitas calorias.

Júlia - Eu também quero ir.

VOCABULÁRIO

Descer   (to get down)
Doce de goiaba (guava jelly)
Doce de mamão (papaya Jelly)
Engordar (gain weight)
Feriado   (holiday)
Ladeiras (slope, hill)
Pão de queijo (cheese bread)
Quase   (almost)
Queimar   (to burn)
Revestida (to cover)
Sobremesa (dessert)
Subir   (to go up)
Verduras (vegetable)

Responda:

1 - Qual a data da Independência do Brasil?
2 - Para onde foi Daniel neste feriado?
3 - Ouro Preto é uma cidade antiga ou moderna?
4 - Quem foi Aleijadinho?
5 - Como são as ruas de Ouro Preto?
6 - Como é a comida mineira?

Masculino / Feminino

Palavras masculinas Terminadas em **o,** mudam para **a.**
Aluno – aluna
Menino – menina
Gato – gata

Nas palavras terminadas em **or,** acrescenta **a.**
Professor – professora
Cantor – cantora
Diretor – diretora

Nas palavras terminadas em **s** e **z** acrescenta **a.**
Freguês – freguesa
Juiz – juíza
Português – portuguesa

As palavras terminadas em **ão** , perdem o **o.**
Irmão – irmã
Alemão – alemã
Cristão – cristã

Outros femininos:

Ator - atriz
Avô - avó
Bode - cabra
Cavalo - égua
Duque - duquesa
Galo - galinha
Genro - nora
Homem - mulher
Imperador - imperatriz
Marido - esposa
Poeta - poetisa
Príncipe - princesa
Rei - rainha
Réu - ré

Substantivos que só têm uma forma:

O estudante – a estudante
O jornalista – a jornalista
O mártir – a mártir
O doente – a doente

Outros
 A cobra (macho / fêmea) - O jacaré (macho / fêmea)

Mudança de sentido na mudança de gênero:

A rádio   – (estação)
O rádio   – (aparelho)
A capital   – (cidade principal)
O capital – (dinheiro)
A cabeça – (parte do corpo)
O cabeça – (chefe)

Dê o feminino das palavras:

O ator -
O francês -
O marido -
O avô -
O galo -
O boi -
O rei -
O réu -
O jornalista -
O doente -
O jacaré -
O príncipe -

Passe para o feminino:

1 - O marido dela é francês.

2 - O ator é muito bonito.

3 - O cantor é muito bom.

4 - O pintor é famoso.

5 - O avô dele está aqui.

6 - O jacaré é muito grande.

7 - O menino é estudioso.

8 - O príncipe está doente.

9 - O galo come milho.

10 - O réu está preocupado.

Substântivos Próprios e Comuns

Próprios – nomes de pessoas, lugares
Ex. Maria, João, Rio de Janeiro, Itália, Corcovado, Gabriel.

Comuns – aplica-se aos objetos particulares.
Ex. homem, mulher, criança, gato, livro, mesa, casa, cidade.

Por + o = pelo

Por + a = pela

O ônibus passa por Ipanema. O ônibus também passa por Copacabana e
pela Barra.
Eu estudo português três vezes por semana.
Eu comprei este computador por R$500.00.
Sérgio puxou a menina pelos cabelos.
Reze por mim.
Sheila ainda conta pelos dedos.
Irene vai para a França e vai viajar pela França.

Complete com por, pela,pelo, pelas , pelos:

Marta quer pegar um ônibus que passe _____ Copacabana.

Zélia vai ao curso de Inglês duas vezes _____ semana.

Fernando quer viajar _____ Brasil.

Gabriel reza _____ seu pai que está muito doente.

José não aprendeu bem a somar, ele ainda conta _____ dedos.

Eu comprei uma cadeira _____ R$ 60.00.

Você vai passar _____ Leblon ou _____ Ipanema?

Eu mandei esse livro _____ correio.

John vai passar _____ aqui, para pegar o relatório.

Entre _____ porta da frente.

Não entre com as compras do supermercado _____ elevador social.

Não puxe a menina _____ braço.

Diálogos Curtos

Irene   - Oi Sheila, como você veio para a festa?
Sheila   - Eu vim de carro, mas a Regina veio de táxi.

Thiago   - Oi Matheus, você viu o Rafael?
Matheus   - Eu não vi, mas o Gabriel o viu no parque ontem à tarde.

Miguel   - Você deu esmola para aquele mendigo?
Luiza   - Eu não dei, mas o Jorge deu.

Laura   - Você sabe dançar Salsa?
Helena   - Eu não sei, mas a Maria sabe.

Júlia   - Você fez o dever de casa?
Juliana   - Eu não fiz, mas a Eliane fez.

Júlio   - Você dorme cedo?
Silvio   - Eu durmo tarde, mas meu filho dorme cedo.

Cintia   - Como você vem para o escritório todos os dias?
Patricia   - Eu venho de ônibus, mas o meu chefe vem de carro.

Daniel   - Você sempre vê a Antonieta?
Simone   - Eu quase não a vejo, mas o Antônio a vê todos os dias.

Sandra   - Você pode me ajudar a arrumar minha casa ?
Amanda   - Eu não posso, mas a Cláudia pode.

Iara   - Você gosta de dançar?
Antonio   - Eu não gosto, mas o Renato e David gostam.

Leonardo   - Você mente muito?
Nádia   - Eu não minto, mas a Vitória mente bastante.

Tânia   - A Vera colocou as roupas no armário?
Luiza   - Não, ela não colocou, mas eu coloquei.

Vitor   - Você põe muito sal na comida?
Gilberto   - Eu não ponho, mas o Roberto põe .

Vera   - Você conheceu a Silvia?
Eduardo   - Eu não conheci, mas o Oliver conheceu.

CAPÍTULO 9
JÚLIA VAI AO MÉDICO

No dia seguinte em que Júlia foi ao Maracanã com seus amigos, ela não se sentiu bem. Acordou com febre, muita tosse e dor de garganta. Ela pegou uma gripe. Então decidiu ir ao médico.

No consultório, quando o médico tirou sua temperatura, ficou espantado, pois estava muito alta. Ele examinou sua garganta e notou que estava inflamada. Então, receitou-lhe vitamina C, boa alimentação e repouso. Júlia voltou para casa e fez tudo que o médico mandou. Não foi à escola por quatro dias, e logo em seguida ficou boa.

Vocabulário:

Febre (fever)
Tosse (cough)
Gripe (flu)
Dor de garganta (sore throat)
Consultório (doctor's office)
Repousar (to rest)
Receitar (to prescribe)
Doente (sick)

Dor de dente (toothache)
Dor de ouvido (earache)
Dor de cabeça (headache)

PRONOME OBLÍQUO

O, A, OS, AS

Eu pego o livro. — Eu o pego.
Ele lava os pratos. — Ele os lava.
O garçom atende à moça. — Ele a atende.
Nós compramos as flores. — Nós as compramos.

Coloque o pronome correto:

Você leva os livros para casa?
Sim, eu _____ levo.
Ela vende as passagens?
Sim, ela _____ vende.
Eu não pego as chaves.
Eu não _____ pego.
Ele espera o amigo.
Ele _____ espera.
Ela compra a caneta.
Ela _____ compra.

Diálogos

- Vamos almoçar juntos hoje?
- Claro! Onde você quer ir?
- Que tal uma pizzaria?
- Ah! Não. Apesar da fome, eu prefiro comer alguma coisa leve. Estou de dieta.
- Ao invés de pizza, podemos comer uma salada e um frango grelhado.
- Que tal o restaurante Natural?
- Boa idéia! Então vamos logo, pois estou morrendo de fome.

Roberto e José estão conversando.

R - Hoje é sexta-feira e feriado. Que bom! Depois de três semanas
    trabalhando direto, ando muito cansado.
J - O que você pretende fazer nesses três dias?
R - Poucas coisas. Quero ir à praia e também assistir a um bom filme.
J - Vamos jantar numa churrascaria rodízio num desses dias?
R - Boa idéia! Como você gosta da carne?
J - Eu gosto bem passada e às vezes ao ponto. E você?
R - Eu gosto mal passada. Então, eu ligo para você amanhã.

Cinema Brasileiro

Júlia vai sempre ao cinema com sua amiga Joana. Além dos filmes de aventura, elas às vezes assistem aos festivais e retrospectivas. Na semana passada, elas foram ver uma mostra retrospectiva sobre o Cinema Novo, e Júlia achou curioso o filme "Terra em Transe," de Glauber Rocha.

O Cinema Novo foi muito importante na década de 60.

Vocabulário

Trabalhar direto = trabalhar sem parar
Andar cansado = estar cansado

Apesar de (in spite of) - Apesar do perigo, o Rio de Janeiro continua sendo uma cidade maravilhosa.

Ao invés de (instead of) - Ele subiu ao invés de descer.

Além de (besides) - Além de vocês, eu tenho mais três amigos.

No Brasil, além do Carnaval, há muitos outros feriados.

Contanto (provided that) - Você pode ir à festa, contanto que volte cedo.

Às vezes (Sometimes) - Às vezes, eu almoço naquele restaurante.

Enquanto (while) - Enquanto eu lavo o banheiro, você lava as roupas.

Complete com:
Apesar de, ao invés de, além de, contanto.

A festa esteve muito boa. _____ de muita comida havia muitas pessoas também. _____ do som estar muito alto, as músicas foram bem selecionadas. João se ofereceu para me levar em casa, mas ao _____ de ir com ele, eu fui com Pedro. Eu disse a Pedro que iria com ele _____ que ele não fosse tarde.

Responda em um minuto todas as perguntas:

1) Qual a montanha mais alta do mundo?
a) Monte Everest
c) Morro do Pão de Açúcar
b) Corcovado
d) Pico da Bandeira

2) Qual o país que tem mais habitantes?
a) França
c) Brasil
b) China
d) Argentina

3) Qual o rio mais comprido do mundo?
a) Nilo
c) Amazonas
b) Mississipe
d) Missouri

4) Qual o metal mais precioso ?
a) ferro
c) aço
b) prata
d) ouro

5) Em que cidade pode-se ver o Pão de Açúcar?
a) Rio de Janeiro
c) Nova York
b) Paris
d) Roma

6) Onde fica a praia de Copacabana?
a) Londres
c) Buenos Aires
c) Bogotá
d) Rio de Janeiro

7) Qual o maior país da América do Sul?
a) Argentina
c) Brasil
b) Venezuela
d) Chile

8) O que o Brasil e a Espanha são?
a) países
c) cidades
d) estados
d) capitais

9) Em que mês é celebrado a Independência do Brasil?
a) janeiro
c) julho
b) setembro
d) abril

Leia em voz alta as palavras abaixo:

avó	avô	perdão
cartório	bônus	educação
filosófico	cômodo	relação
fotógrafo	distância	explicação
herói	emergência	colaboração
horário	existência	exposição
indivíduo	essência	poluição
júri	ônibus	recordação
mágoa	correspondência	confusão
matéria	crônico	ocasião
metálico	ambulância	feijão
partícula	alfândega	imaginação
petróleo	êxito	algodão
plástico	paciência	redação
régua	preferência	declaração
responsável	econômico	sugestão
sábio	lâmpada	decisão
técnico	anêmico	investigação
tragédia	espontâneo	associação
triângulo	voluntário	furacão
troféu	exigência	gratidão
véspera	incêndio	votação

transformar, transparente, mel, poeira, desconto, generosidade, engraçado, verdade, arrepiado, testemunha, terremoto, suavidade, qualidade, devolver, a maçaneta, o telhado, a gaveta, a almofada, o espelho, o colchão, a cozinha, o alfinete, a agulha, areia, madeira, o oceano, estacionamento, atravessar, dirigir, calçada, preocupado.

Tão

Ela é tão inteligente!
Ele é tão chato!
Márcia é tão elegante!
Ela é tão alta!
Ela se veste tão bem!
Ela é tão bonita!
Daniel é tão engraçado!
Ele é tão ciumento!
Ela é tão invejosa!
Júlia é tão curiosa!
Roberto é tão preguiçoso!
Esta cidade é tão bonita!
Esta casa é tão grande!
Eu estou tão cansada!
Você é uma pessoa tão boa!
Ela é tão religiosa!
Essa música é tão bonita!
Ele dança tão bem!

Complete como no exemplo:

Que cidade bonita!	Como está cidade é bonita!
Que casa grande!	Como está casa é grande!
Que rapaz ciumento!	Como este rapaz é ciumento!
Que moça religiosa!	_____!
Que rapaz preguiçoso!	_____!
Que menina curiosa!	_____!
Que mulher invejosa!	_____!
Que cara chato!	_____!
Que homem inteligente!	_____!
Que moça elegante!	_____!
Que moça alta!	_____!
Que rapaz engraçado!	_____!
Que música bonita!	_____!
Que flor cheirosa!	_____!
Que cachorra dengosa!	_____!
Que moça bonita!	_____!
Que mulher vaidosa!	_____!
Que homem antipático!	_____!

CAPÍTULO 10

Hábitos do Sr. Lake

O Sr. Lake acorda às 6h, toma banho, escova os dentes e se barbeia. Às 6h30, ele se veste, toma café da manhã e sai para o trabalho. À 1h ele almoça no restaurante. Come um sanduíche de queijo com banana e toma um suco de laranja.

Volta ao escritório e trabalha até às 5h. Então ele vai para casa. Chega em casa às 5h30, troca de roupa e vai caminhar na praia por 40 minutos.

Quando chega em casa, descansa um pouco e janta com sua família às 8h. Assiste um pouco de televisão e às 10h ele dorme.

Hábitos de Márcia

Márcia é modelo. Ela é alta e magra, cabelos castanhos e olhos verdes. Ela se veste elegantemente. Márcia só tem 20 anos, e já é muito famosa. Desfila muito bem. Todos os dias, quando se levanta ela toma um banho, se penteia, escova os dentes e toma café da manhã. Seu café da manhã sempre tem uma fruta, cereal com leite e um suco de laranja. No almoço, sempre come uma salada com uma carne, frango ou peixe, e no jantar, também uma salada ou uma sopa. Depois de cada refeição, escova os dentes muito bem.

Sempre se veste de acordo com o lugar onde vai. Tem uma pele muito fina e delicada. Ela se maqueia suavemente. Faz ginástica e dança três vezes por semana. Ela vai poucas vezes à praia, e quando vai, usa protetor solar 40, e também usa chapéu para se proteger do sol. Ela não se bronzeia.

Márcia é muito bonita.

Vocabulário

Cabelos   (hair)
Castanhos (brown)
Olhos   (eye)
Veste-se   (to dress up)
Famosa   (famous)
Desfile   (desfile, parade)
Tomar banho (to take a shower)
Pentear-se (to comb one's hair)
Escovar os dentes (to brush the teeth)
Refeição   (meal)
De acordo   (in agreement, in accordance with)
Delicada   (delicate, fragile)
Maquear - se (to put on makeup)
Suavemente (softly)
Chapéu   (hat)
Proteger   (to protect)
Bronzear-se (to get a tan)

Verbos reflexivos:

Pentear-se	barbear-se	vestir-se
Eu me penteio	eu me barbeio	eu me visto
Você se penteia	você se barbeia	você se veste
Ele se penteia	ele se barbeia	ele se veste
Nós nos penteamos	nós nos barbeamos	nós nos vestimos
Eles se penteiam	eles se barbeiam	eles se vestem

Responda:

1) Você se penteia todos os dias?
2) Você se barbeia?
3) Quantas vezes por semana você se barbeia?
4) A que horas você se veste?
5) Você gosta de se vestir bem?

Responda com "gostar de" como no exemplo:

Pedro passa muito tempo no lago com uma vara de pescar na mão.
O que ele gosta de fazer?
Ele gosta de pescar.

Júlia vai muito à piscina e fica muito tempo na água. O que ela gosta de fazer?

André está sempre no restaurante. O que ele gosta de fazer?

Roni tem muitos CDs (discos). O que ele gosta de fazer?

Célia passa muito tempo nas lojas. O que ela gosta de fazer?

Marcos sempre liga a televisão no canal de esportes. O que ele gosta de fazer?

Teresa vai à aula de aeróbica todos os dias. O que ela gosta de fazer?

Carlos foi para perto de um rio, passou a noite em uma barraca, cozinhou, etc. O que ele gosta de fazer?

Artur mora distante do seu escritório, mas ele não vai de carro nem de ônibus. Ele vai a pé. O que ele gosta de fazer?

O que você gosta de fazer nas suas horas de lazer?
(comprar, fazer ginástica, andar, escutar música, comer, nadar, assistir jogos, acampar)

TEMA PARA REDAÇÃO
A beleza.

Traduza:

1) She is tall, has long hair, green eyes, and is so pretty.

2) He wakes up, takes a shower, brushes his teeth and shaves.

3) I have to get back to work.

4) What do you think?

5) Oh, by the way!

6) I am not tired.

7) It's payday.

8) I am sorry, I am late.

9) I hope we can do this again.

10) What am I doing wrong?

11) Is this for me?

12) Try it on.

13) What is he doing?

14) What time is it?

Advérbios

sempre   (always)
nunca   (never)
às vezes (sometimes)
geralmente (generally)
raramente   (seldom, rarely)

Conversação:

Tomar café.
Aluno A - Eu sempre tomo café.
Aluno B - Eu nunca tomo café.
Aluno C - Às vezes, eu tomo café.
Aluno D - Raramente, eu tomo café.
Aluno E - Geralmente, eu tomo café.

1 - Ler o jornal.
2 - Ir ao cinema.
3 - Tomar leite.
4 - Ir à praia.
5 - Tomar chá.
6 - Comer pipocas.
7 - Jantar às 10h da noite.
8 - Ir ao restaurante.
9 - Estudar português

Dois alunos conversam. Faça como no exemplo:
A - Você lê o jornal?
B - Sim, leio.
A - Sempre?
B - Geralmente. Eu me levanto, tomo banho e leio o jornal.
A - Você toma café da manhã?
B - Eu nunca tomo café da manhã.

A - Você vai ao restaurante?
B -
A -
B -

A - Você almoça em casa?
B -
A -
B -

Responda como no exemplo:

-Você se despediu do dono da casa?
-Eu me despedi, mas meu marido não se despediu.

-Você se chama Paula?
-Ela se chama Paula, eu me chamo Elizabeth.

1 - Você se sente bem?
_____.

2 - Ela se cortou com a faca?
_____.

3 - Ele se veste bem?
_____.

4 - Você se atreve a falar desta maneira com ele?
_____.

5 - Você se comportou bem na escola?
_____.

6 - Você se conformou com a derrota do seu time?
_____.

7 - Maria se formou no ano passado?
_____.

8 - Quando vocês se mudaram para esta cidade?
_____.

9 - Você se lembra da sua primeira professora?
_____.

10 - Você se assustou com a chuva que caiu hoje à tarde?
_____.

11 - Quando você vai se casar?
_____.

12 - Ele se encontrou com a Marta na festa?
_____.

13 - Você se machucou no quintal?
_____.

14 - Voce se divertiu na festa?
_____.

CAPÍTULO 11

Visita aos Museus

Hoje é domingo, e a família Lake resolveu visitar os museus do Rio de Janeiro. Pela manhã, tomaram café no Museu de Belas Artes, onde conheceram algumas telas do pintor Portinari, um mestre da arte moderna brasileira.

Antes do almoço, visitaram o Museu de Arte Moderna, onde havia uma exposição de fotografias sobre o Rio de Janeiro de 1862 a 1927. Fotos de Marc Ferrer, Augusto Malta e outros. Também gravuras e aquarelas de Debret, um francês que registrou o Brasil Colonial.

Finalmente, foram almoçar num tradicional restaurante na Praça XV, um local turístico do Rio antigo. De lá, se avista a Baía de Guanabara, os barcos e a ponte Rio-Niterói.

Realmente, foi um passeio muito agradável!

Advérbio formados com a terminação **mente**

Feliz + mente = felizmente
Natural + mente = naturalmente
Certo + mente = certamente
Final + mente = finalmente
Correto + mente = corretamente
Suave + mente = suavemente
Elegante + mente = elegantemente
Fácil + mente = facilmente
Simples + mente = simplesmente
Ex. Ela se maqueia suavemente, e se veste elegantemente.

Adjetivos com a terminação oso / osa

Alguns adjetivos tem a terminação oso / osa, como nos exemplos abaixo:

Famoso/a - saboroso/a - corajoso/a - chuvoso/a - etc.
Márcia é uma modelo famosa. Este doce é saboroso. O dia está chuvoso.

Descreva uma pessoa famosa, seus hábitos diários e sua vida.

_____
_____
_____
_____
_____
_____
_____

Complete com os advérbios: **sempre, nunca, às vezes, raramente, como no exemplo:**

Ex. Tomar café da manhã.   Eu sempre tomo café da manhã .
Tomar suco de laranja.   _____.
Colocar açúcar no café.   _____.
Almoçar num restaurante.   _____.
Fazer o dever de casa.   _____.
Comer frutas.   _____.
Jantar às 10h.   _____.
Dormir à meia noite.   _____.
Andar de bicicleta.   _____.
Tomar sorvete.   _____.
Assistir televisão.   _____.
Jantar no restaurante.   _____.
Viajar de avião.   _____.
Ir à praia.   _____.

Depois de / Antes de

Seguidos de verbo, o verbo irá para o **Infinitivo.**
Depois de comer, depois de almoçar, depois de viajar, depois de estudar, depois de conversar, antes de viajar, antes de beber, antes de fazer, etc.

Seguido de substantivo com a contração   **de + o = do/   de + a = da**
Depois da festa, depois do almoço, depois da escola, antes do teatro, antes do cinema, antes da viagem.

Complete usando "antes de" ou "depois de"como no exemplo:

Ex.Eu almoço _____ tomar café da manhã.
Eu almoço depois de tomar café da manhã.
1 - Eu me levanto _____ tomar banho.
2 - Eu me visto _____ sair de casa.
3 - Eu volto para casa _____ jantar.
4 - Eu almoço _____ jantar.
5 - Eu escovo os dentes _____ levantar.
6 - Ele lê o jornal _____ sair.
7 - Ela faz as malas _____ viajar.
8 - Ela sai de casa _____ se vestir.
9 - Nós assistimos TV_____ do jantar.
10 - Eles dormem _____ jantar.
11 - _____ cinema, nós vamos jantar.
12 - _____ praia, nós vamos à festa.

Responda como no exemplo:

Você foi?	_Eu fui_	Eu vim?	_____
Você vem?	_____	Você dorme?	_____
Você veio?	_____	Eu peço?	_____
Você pede?	_____	Você ouve?	_____
Você pediu?	_____	Ela disse?	_____
Você vê?	_____	Eu fui?	_____
Você viu?	_____	Eu vi?	_____
Você trouxe?	_____	Ele veio?	_____
Você traz?	_____	Você fez?	_____
Você teve?	_____	Você faz?	_____
Você esteve?	_____	Você diz?	_____
Você deu?	_____	Você quer?	_____
Você pôs?	_____	Você pôde?	_____
Você pode?	_____	Você põe?	_____
Eu posso?	_____	Eu ponho?	_____
Você bebeu?	_____	Você leu?	_____
Você saiu?	_____	Você sai?	_____
Ele pede?	_____	Você perde?	_____
Você chegou?	_____	Você jantou?	_____
Você correu?	_____	Você viajou?	_____
Você pegou?	_____	Você brincou?	_____
Ela veio?	_____	Ela viu?	_____
Eles vieram	_____	Eles viram?	_____
Você perguntou?	_____	Você conseguiu?	_____
Eles disseram?	_____	Eles deram?	_____
Elas fizeram?	_____	Eles tiveram?	_____
Vocês puseram?	_____	Vocês vieram?	_____
Vocês tiveram?	_____	Vocês viram?	_____
Vocês perderam?	_____	Vocês puderam?	_____

Aproveitar (have a good time, enjoy)

1 - **Aproveite** bem suas férias.

2 - Já estou indo para a festa.

  - **Aproveite** bastante.

3 - Nas minhas férias, vou à China.

  - Que maravilha! **Aproveite** por mim.

4 - Estou indo para Cancun.

  - **Aproveite** bem!.

Aproveitar (Take an advantage of)

1 - Hoje eu não trabalho. **Vou aproveitar** para ir à praia.

2 - Ontem eu fui ao cinema perto da casa de minha mãe. Então **aproveitei** para visitá-la.

3 - Por que você não **aproveita** o seu tempo livre para fazer trabalho voluntário.

4 - Ângela ganhou um bônus no seu trabalho. Ela **aproveitou** para comprar um carro novo com esse dinheiro.

5 - As lojas estão em liquidação. Eu **vou aproveitar** para comprar algumas roupas.

Passar, dar uma passada, dar uma passadinha.

1 - Você pode **dar uma passadinha** aqui em casa, para me explicar como se usa esse programa no computador?

2 - Eu fiz um bolo delicioso. **Passe** lá em casa para toma um café e comer bolo.

3 - Quando você for ao Banco, **pode passar** na padaria e comprar uma garrafa de refrigerante?

4 - Você **passou** em frente à casa de André?

- **Passei**, e ele estava em frente a casa dele conversando com uma moça. Acho que é sua vizinha.

- Ele te viu, Solange?

- Não, eu **passei** de carro.

- Ela é bonita?

- É, mas não se preocupe, eles só são amigos.

Valer a pena (to be worth while)

1 - A festa estava muito boa. Eu me diverti muito. Cheguei em casa muito tarde e acordei muito cedo para trabalhar, mas **valeu a pena.**

2 - Ontem nós jantamos no restaurante mais caro da cidade. Gastamos muito, mas **valeu a pena**, pois a comida é deliciosa.

3 - O marido de Carla acha que **não vale a pena** comprar uma casa muito grande e cara, e não ter dinheiro para viajar sempre nas férias.

4 - Eu assisti a um filme muito bom. Você também deve ir, porque **vale a pena**.

Responda:

1 - Vale a pena se preocupar com a vida dos outros?

2 - Vale a pena tirar férias e não viajar?

3 - Vale a pena ter uma família muito grande?

4 - Valeu a pena você ter estudado português?

Dá / Não dá

- **Dá** pra você ir ao dentista comigo às 2:00 h?
- Desculpa, **não vai dar**.

- **Dá** pra você ficar com meu filho hoje à noite, enquanto eu vou ao cinema?
- Sim, **dá**.

- **Dá** pra você fazer uma feijoada para a festa que vou dar?
- **Dá**.

- **Dá** pra você ficar com meu cachorro enquanto eu viajo?
- **Não vai dar**. O seu cachorro pode atacar meu gato.

- **Dá** pra você me emprestar algum dinheiro para eu pagar minha conta de luz?
- **Não vai dar**. Em que você gastou todo o seu sálario?
- É que eu me individei muito.
- Então aprenda a se controlar, e não gastar mais do que você ganha.

Responda:

Dá pra você vir aqui em casa hoje? _____.

Dá pra almoçarmos juntos hoje? _____.

Esse ano vai dar pra você viajar para a Ásia?_____.

Deu pra você sair cedo ontem do trabalho? _____.

Dá pra você conseguir convites para o show do Chico? _____.

Dá pra você trabalhar hoje até às 8:00h da noite? _____.

Dá pra você trabalhar esse fim de semana? _____.

Foto Ângela Van Slyke

CAPÍTULO 12

John está muito impressionado com a maneira de ser dos cariocas. Ele gosta muito e gostaria de ficar um pouco parecido. Então conversa com seu amigo Artur, e pede alguns conselhos.

John - Artur, preciso de saber algumas coisas sobre o povo brasileiro e sobre os cariocas.

Artur - Pois não. O que você quer saber?

John - Eu gosto muito da maneira de ser do povo brasileiro, e principalmente dos cariocas. Gostaria de ser um pouco como eles. O que devo fazer?

Artur ri, e começa a explicar-lhe algumas coisas.

Artur - Em primeiro lugar, vá à praia todos os dias. Fique bem bronzeado. Freqüente uma academia de ginástica ou corra na praia. (o carioca se preocupa muito com o corpo, não gosta de ficar barrigudo). Compre novas camisas que não sejam muito floridas. Não use gravatas coloridas. Apresente-se como John Lake ou John, mas nunca como Lake. Aprenda o significado da palavra " jeito" , "dar um jeito" , ou" um jeitinho".

John - O que significa dar um jeito?

Artur - Dar um jeito é arrumar uma outra maneira de resolver um problema.

John - Como arrumarei tempo para me bronzear e correr na praia todos os dias? Eu tenho que trabalhar! Tenho uma família! Como farei?

Artur - Ah! Aí é que está. Para ser um bom brasileiro e carioca, você tem que dar um jeitinho.
Não se preocupe com o horário, e nem em fazer fortunas para a aposentadoria.

John - Continue falando. Estou anotando tudo e tentarei começar pelo mais fácil.

Artur - Você já viu um carioca jantar às 6h?

John - Não, eles jantam tarde, não é? Quando eu vou jantar fora com minha família, os restaurantes estão sempre vazios.

Artur - A que horas você vai?

John - Às 6h.

Artur - Para ser um carioca, não saia de casa antes das 9h. E ainda é cedo.

John - Mas nós sentimos fome cedo!

Artur - Então almoce mais tarde, ou você nunca será um carioca. Quando você dirigir seu carro à noite, não pare no sinal vermelho.

John - Por quê?

Artur - Você quer ser assaltado?

Agora, fale-me de sua esposa. Ela é gorda, magra?

John - Ela não é gorda nem magra, é normal.

Artur - Então, dê para ela um biquine de presente.

John - Ela não vai querer usar.

Artur - Insista. Não deixe ela usar um maiô muito grande. Se for cavado e decotado, tudo bem. Ela também deverá fazer ginástica.

John - Continue. O que mais?

Artur - Quando você encontrar com um amigo ou uma amiga na rua, convide-o para um cafezinho. Depois das refeições, peça um cafezinho. No trabalho, de vez enquando, de uma pausa para um cafezinho. Isso faz parte da vida do povo brasileiro.

John - Eu tomava pouco café, mas agora tenho tomado bem mais, porque sempre alguém me chama para um cafezinho. Até num dia de verão muito quente.

Artur - Você já aprendeu a dançar samba?

John - Ah! Isso sim. Eu e minha família aprendemos em Dallas, antes de virmos para o Rio.

Artur - Você já foi a um boteco?

John - O que é um boteco?

Artur - Boteco é o mesmo que um botequim. É um bar muito pequeno, com apenas duas ou três mesas. Normalmente, as pessoas ficam em pé, e tomam um cafezinho, um chope, uma cachaça ou um refrigerante. Também pode-se comer um ovo cozido, uma coxinha de galinha ou até um pão com manteiga.

John - Eu já fui com um amigo tomar um cafezinho, mas eu não gostei, achei um pouco estranho.

Artur - Mas ser carioca é parar num botequim para tomar ou comer alguma coisa, quando se está com pressa. E você já foi ao Maracanã?

John - Fui, e adorei. Eu assisti o Fla x Flu.

Artur - Para que time você torceu?

John - Eu não tenho time.

Artur - Então escolha um. Você já viu um carioca sem time para torcer? O que você fez depois do jogo?

John - Fui para casa.

Artur - Mas um carioca sai do Maracanã e vai a um bar tomar uma cervejinha para comemorar a vitória ou a derrota do seu time.

John - Mas era domingo, eu tinha que ir para casa, pois não queria dormir tarde. No dia seguinte, tinha de trabalhar.

Artur - Não se preocupe tanto com o dia seguinte. O amanhã será outro dia.

John - Obrigado Artur. Anotei tudo que você me falou. Vou praticar pouco a pouco. Depois você me explica o resto. Quem sabe, pegarei um pouco do jeito carioca?

Artur - Não se esqueça de comer feijoada aos sábados à tarde, e tomar uma caipirinha.

Mas lembre-se: tem de ser aos sábados

Vocabulário

Barrigudo   (paunchy)
Dar um jeito   (find a way around this)
Aposentadoria (retirement)
Boteco   (small stand up bar with two or three tables)
Botequim   (the same as boteco)
Coxinha de galinha   (pieces of chicken rolled in dough and fried)
derrota   (loss)

1 - O que John precisa fazer, para se bronzear e correr na praia?
2 - A que horas Jonh janta?
3 - A que horas os cariocas jantam?
4 - Quando dirigir à noite, o que terá de fazer?
5 - Como é a esposa de John? O que ele precisa dar de presente para ela?
6 - O que deverá fazer, quando encontrar um amigo na rua?
7 - John sabe dançar samba?
8 - Onde aprendeu?
9 - Ele já foi a um boteco? O que achou?
10 - O que John precisa fazer, quando sair de um jogo no Maracanã?
11 - Qual o time de John?
12 - Ele precisa se preocupar menos com o dia a dia?
13 - E você, parece um carioca?
14 - O que você precisa fazer para parecer um carioca?
15 - Descreva como você é?

Botequim

Os cariocas adoram tomar um cafezinho, e esse hábito é para eles como um ritual. No intervalo de trabalho, depois das refeições, o carioca sempre encontra um tempinho para fazer uma pausa e ir ao botequim mais próximo.

O carioca gosta de ir ao botequim antes e depois da praia, e é comum que estejam sempre repletos de gente, sobretudo nos dias quentes de verão.

O botequim é um lugar pequeno onde as pessoas costumam ficar em pé para beber café e bebidas alcóolicas. Pode-se ainda comer salgadinhos, e os mais apreciados são os pastéis de camarão e os bolinhos de bacalhau.

Esse tipo de bar é um lugar bastante popular, onde se encontram pessoas de diferentes classes sociais.

Coloque a preposição correta:

1 - Eu sempre vou para o trabalho _____ ônibus.
2 - Ela tem medo _____ cachorro.
3 - Eu farei isto _____ prazer.
4 - O carro está _____ porta.
5 - O livro está _____ mesa.
6 - Ele anda do trabalho _____ o parque.
7 - Ele está _____ Houston.
8 - Ele vai _____ Argentina.
9 - O ônibus passa _____ Copacabana.
10 - Eu vou ao Rio de Janeiro, e vou viajar _____ Brasil.
11 - Ele trabalha _____ às 5h.
12 - Eu compro bananas _____ R$1,50.
13 - O trem vai partir _____ cinco minutos.

Na escola

Júlia está entusiasmada, pois irá aprender um pouco mais sobre a cultura indígena brasileira, com a aula que D. Sônia inicia, sobre a origem da palavra carioca.

D. Sônia – As pessoas nascidas no Rio de Janeiro são chamadas de cariocas. A origem desta palavra é incerta, podendo ter surgido de kari' oca, que significa, na cultura indígena dos Tupi, casa de branco.

Júlia – Não é também o nome do rio que atravessa a cidade?

D. Sônia – Isso mesmo !

Júlia – Por onde passa este rio?

D. Sônia – Quando os portugueses chegaram por aqui, no século XVI, o rio Carioca se tornou a principal fonte de abastecimento de água do núcleo inicial da cidade desaguando na praia do Flamengo, na baía de Guanabara. Os portugueses vinham do centro da cidade para coletar em tonéis a água do Carioca para beber. Ele nasce numa região de mata densa do Morro do Corcovado descendo pelos bairros do Cosme Velho e Laranjeiras, na zona sul da cidade, até o Flamengo.
 Mais tarde, os portugueses construíram um duto, para levar a água da nascente do carioca até o centro da cidade, no local que passou a ser chamado largo da Carioca.
 Hoje, em sua quase totalidade, o leito do rio Carioca está canalizado, ficando embaixo do asfalto das ruas Cosme Velho, Laranjeiras, Conde de Baependi e Barão do Flamengo.

Vocabulário:
Inicia - começa   (to begin, start)
Origem - o começo, o berço   (origin, lineage, descent, to give rise to)
Procedente - De onde se origina   (origin, provenance)
Atravessa - vai de um lado a outro (across, to cross)
Abastecimento   (supply, provisions)
Tonel   (barrel)

Dever - (should / to owe)

Eu devo ir ao médico, porque não estou me sentindo bem.

Meu carro está muito velho. Eu devo comprar um novo.

Você deve ir ao dentista de seis em seis meses.

Eu devo muito dinheiro ao banco.

Ela me deve muito dinheiro.

Responda

O que você deve fazer para ser uma pessoa saudável?

O que você deve fazer para ser um bom motorista?

O que você deve fazer para ser um bom estudante?

Achar no sentido de pensar.

Você acha que vai chover hoje?
Eu acho que não.

O que você acha deste restaurante?
Eu acho muito bom.

Você acha que o Flamengo vai ganhar o jogo?
Eu acho que não. O time está muito fraco.

John acha os brasileiros muito alegres.

O que você acha dos brasileiros?

O que você acha do seu trabalho?

Você já foi a Londres?
O que você achou?

O que você acha de Nova York?

O que você acha do atual presidente dos Estados Unidos?

O que você acha da língua portuguesa?

Que país você acha que vai ganhar a Copa Mundial?

Você acha que já está falando bem o português?

O que você acha de John Lake?

Diálogo

João está em casa assistindo televisão quando a campanhia toca:
J - Quem é?
L - Sou eu, Laura.
J - **Entre**, a porta está aberta.
L - Não consigo abri-la.
J - **Empurre**-a com força.

Laura consegue abrir a porta e entra.

J - Você aceita uma cerveja?
L - É uma boa. João, eu consegui um novo emprego.
J - Que legal, melhor do que o atual?
L - Sim, muito melhor.
J - Que barato! Precisamos comemorar, mais uma cerveja?
L - Obrigada, já é suficiente para mim. Só vim aqui lhe dar a notícia e agora tenho que ir embora.
J - Boa sorte no novo emprego.

L - Obrigada.
J - Desculpe-me por não levá-la até a porta.
L - Não estou conseguindo abrir a porta.
J - **Puxe-**a com força.
L - OK! Consegui. Tchau!

Expressões:
Que barato!
É uma boa!
Que legal!

Imperativo - é um comando, uma ordem.
Formação dos verbos regulares:
Verbos terminados em **AR** formam o Imperativo em **E**.
Verbos terminados em **ER, IR** formam o imperativo em **A**.

Verbos regulares
entr**ar** - entr**e**
fal**ar** - fal**e**
che**gar** - che**gue**
pe**gar** - pe**gue**
be**ber** - be**ba**
cor**rer** - cor**ra**
escre**ver** - escre**va**
l**er** - l**eia**
sa**ir** - sa**ia**
abr**ir** - abr**a**

Coloque no Imperativo como no exemplo:
Por favor, (abrir) a porta.
Por favor, abra a porta.

1 - Por favor, (fechar) a porta.
2 - Por favor, (falar) mais alto.
3 - Por favor, me (escrever).
4 - Por favor, (escutar) o professor.
5 - Por favor, (beber) água todos os dias.
6 - Por favor, (jogar) cartas comigo.
7 - Por favor, (comprar) um pão.

Os verbos irregulares fazem o Imperativo com a primeira pessoa do sing. do Presente do Indicativo mudando a letra **o** para **a**.

ter	- tenho	- tenha
trazer	- trago	- traga
perder	- perco	- perca
pedir	- peço	- peça
ver	- vejo	- veja
vir	- venho	- venha
ler	- leio	- leia
fazer	- faço	- faça
pôr	- ponho	- ponha
ouvir	- ouço	- ouça

Ser   - seja
Estar - esteja
Ir   - vá
Saber - saiba
Dar   - dê

Coloque o Imperativo:
1 - (ter) _____ paciência!
2 - (estar) _____ aqui amanhã às 8h.
3 - (ir) _____ ao boteco e me (trazer) _____ uma cerveja.
4 - (vir)_____ cá rápido.
5 - (fazer) _____ sua cama todos os dias.
6 - (pôr) _____ seu carro na garagem.
7 - (dar)_____ um beijo em sua irmã.
8 - (ser)_____ paciente.
9 - Por favor, (fazer) _____ o relatório para hoje.
10 - Por favor, (ir) _____ ao cinema comigo.
11 - Por favor, (pedir) _____ um vinho para mim.
12 - (pôr) _____ os pratos na mesa.
13 - Por favor, (pôr) _____ esses papéis em ordem.
14 - Por favor, (trazer) _____ me um casaco.
15 - Por favor, (ouvir) _____ o que estou lhe dizendo.
16 - Por favor, (ver) _____ esta casa para mim.

VERBOS: **OUVIR, PEDIR, MEDIR, DESPEDIR**

- Toda vez que você vai ao restaurante, você **pede** o cardápio?
- Sim, eu **peço**.
- Para beber você **pede** um refrigerante?
- Sim, **peço**. Eu gosto de restaurantes com música. E você, **ouve** muita música?
- Sim, eu **ouço** bastante.
- Você **ouve** música quando se deita?
- Sim, eu sempre **ouço**.
- Que tipo de música você **ouve**?
- Eu **ouço** samba, jazz, música clássica.

Presente

OUVIR (to hear, to listen)　　　**PEDIR** (to ask, to order)

Eu ouço　　　　　　　Eu peço
Você ouve　　　　　　Você pede
Ela ouve　　　　　　　Ela pede
Nós ouvimos　　　　　Nós pedimos
Eles ouvem　　　　　　Eles pedem

Os verbos **medir** e **despedir** se conjugam igual a **pedir,** são irregulares na primeira pessoa do singular do presente do indicativo com a terminação **ço.**

Eu sempre me despeço dos meus amigos, quando saio do trabalho.
Eu meço a janela para mandar fazer a cortina.

Compare você com alguém, seguindo o exemplo:

Pedir - ex. Eu peço um cigarro e você pede o fósforo.
Poder -　　Eu posso falar português e você pode falar inglês.
Perder - _____
Medir - _____
Ouvir - _____
Despedir -_____
Preferir - _____
Fazer - _____
Pedir - _____
Poder - _____
Dormir - _____
Perguntar -_____
Dar - _____
Vir - _____
Saber - _____

Fazer (to do, to make)

Eu faço
Você faz
Ele faz
Ela faz
Nós fazemos
Eles fazem

Fazer as malas

Fazer a cama

Fazer ginástica

Fazer comida

1 - Você faz sua cama todos os dias?
2 - Você faz compras no fim de semana?
3 - Você faz um sanduíche para levar ao trabalho?
4 - Você faz suas malas quando viaja?
5 - O que você faz nos fins de semana?
6 - Todos os anos você faz uma viagem?

Complete com o verbo fazer no Presente do Indicativo:

1 - Eu _____ uma reserva no hotel.
2 - Ela _____ um relatório.
3 - Nós _____ as malas.
4 - Ele não _____ a cama.
5 - Eles sempre _____ uma salada.
6 - Eu _____ ginástica todos os dias.
7 - Ela nunca _____ comida.
8 - Você _____ um bolo muito gostoso.
9 - Eu sempre _____ minhas malas.
10 - Eu nunca _____ fritura.
11 - Eu _____ meu dever de casa.
12 - Ela _____ compras no fim de semana.
13 - Ela _____ muita fofoca.

Use a sua imaginação e crie uma estória usando as figuras acima.

_____
_____
_____
_____
_____
_____
_____
_____
_____
_____
_____

CAPÍTULO 13

Há um ano, o Sr. Lake **vivia** nos Estados Unidos. Ele **morava** em Dallas e **trabalhava** na mesma companhia em que hoje trabalha no Brasil. Ele e a Sra. Lake se conheceram na universidade. O Sr. Lake **jogava** basquete e a Sra Lake **era** "cheerleader". Eles **gostavam** de participar de todos os jogos da universidade. Eles se casaram quando se formaram. Tiveram dois filhos: Júlia e Daniel. Júlia **nadava** pela escola e Daniel **tocava** violino na orquestra. O Sr. e a Sra. Lake **iam** aos concertos de Daniel e às competições de Júlia. Eles **aplaudiam**, **torciam** muito e **gritavam.**

Hoje no Brasil, seu filho não toca mais violino nem Júlia faz natação. Agora Daniel joga futebol e Júlia dança e faz ginástica de academia. Seus pais não vão aos jogos de Dan nem às danças de Ju. Eles gostam de ir ao Maracanã assistir Flamengo e Fluminense e também vão à praia.

Vocabulário:
Aplaudir – elogiar (to applaud, cheer)
Torcer – gritar num jogo (cheer)
Gritar – falar muito alto (yell)
Violino – instrumento musical (violin)

Responda as perguntas:
1 - Onde morava o Sr. Lake há um ano?
2 - Onde ele trabalhava?
3 - Qual esporte que ele jogava?
4 - Onde o Sr. Lake e a Sra. Lake se conheceram?
5 - Quem são Dan e Ju?
6 - Qual esporte que Júlia fazia?
7 - Qual o instrumento que Dan tocava?
8 - O que o Sr. Lake e a Sra. Lake gostavam de assistir?

Imperfeito do Indicativo
Indica um acontecimento no passado que durou por um determinado tempo, mas agora não acontece mais. É um hábito do passado.
Verbos terminados em **AR** levam a terminação **VA**
Verbos terminados em **ER** e **IR** levam a terminação **IA**

Falar	**Beber**	**Abrir**
Eu fala**va**	Eu beb**ia**	Eu abr**ia**
Você fala**va**	Você beb**ia**	Você abr**ia**
Ela fala**va**	Ela beb**ia**	Ela abr**ia**
Nós falá**vamos**	Nós beb**íamos**	Nós abr**íamos**
Eles fala**vam**	Eles beb**iam**	Eles abr**iam**

Complete com o verbo indicado no Imperfeito do Indicativo.

Há dois anos eu _____ (jogar) voleyball e _____ (nadar). Eu não _____ (trabalhar) porque ainda _____ (estudar). No verão eu _____ (ir) à praia e me _____ (bronzear). Meu amigo e eu _____ (ir) ao cinema nos fins de semana.

Verbos Irregulares

Ser	Pôr	Ter	Vir
Eu era	Eu punha	Eu tinha	Eu vinha
Você era	Você punha	Você tinha	Você vinha
Ele,ela era	Ele,ela punha	Ele,ela tinha	Ele,ela vinha
Nós éramos	Nós púnhamos	Nós tínhamos	Nós vínhamos
Eles,elas eram	Eles,elas punham	Eles,elas tinham	Eles,elas vinham

Complete com o Imperfeito

Quando eu _____ (ser) criança, eu _____ (ter) muitos amigos. Meu amigo _____ (ter) uma bicicleta muito bonita. Ele sempre _____ (vir) aqui em casa para nós andarmos nela. Nós _____ (pôr) uns biscoitos numa sacola e _____ (ir) até o parque. Quando nós _____ (estar) cansados, _____ (voltar) para casa.

Agora escreva o que você fazia nas suas férias quando você era criança.

_____

_____

_____

_____

Passe para o Imperfeito, começando cada setença com antigamente:

Ex. Eu jogo cartas.
Antigamente eu jogava cartas.
O Sr. Lake mora em Dallas.
Antigamente _____.
Seu filho toca violino. _____.
Sua esposa é cheerleader. _____.
Júlia tem muitos amigos. _____.
Eles assistem aos jogos. _____.
Sr. Lake vai ao Maracanã. _____.
Júlia nada muito bem. _____.
Ele é importante. _____.
Ela é muito bonita. _____.
Eles são amigos. _____.
Você vai à praia. _____.
Eu tenho um carro branco. _____.
Ela tem muitos amigos. _____.
Eu ponho meu carro na garagem. _____.
Eu venho aqui de carro. _____.
Ela vem aqui todos os dias. _____.
Ele sempre escuta música. _____.
Eu faço muitas compras. _____.
Eu viajo muito. _____.

Um pouco de Brasil

O negro no Brasil

O negro era tratado com crueldade pelo branco.
Apesar dos negros serem muito importantes para o senhor de engenho, eram comuns assassinatos, mutilações, açoites, correntes e outras coisas.
O negro tinha de aceitar a escravidão. Ainda era inferiorizado pelo homem branco como vadio, preguiçoso, traiçoeiro, malicioso, etc.

Reação negra

O negro lutava pela liberdade, buscando livrar-se da escravidão.
O quilombo era uma comunidade formada e organizada por negros em luta pela liberdade.
Entre muitos quilombos existentes, o quilombo dos Palmares foi o maior em tamanho e duração (65 anos). Palmares se localizava em uma região onde hoje é Alagoas, dotada de terras férteis, caças, frutas e madeira. Os negros que chegavam a Palmares de livre espontânea vontade, passavam a viver lá em liberdade.
Palmares tinha uma organizção política. O governo era exercido por um rei e por um conselho. Aqueles que se destacavam nas guerras, eram escolhidos como rei. O primeiro rei foi Ganga Zumba. Tentou negociar uma paz com os brancos, e perdeu o prestígio. Assassinado, Ganga Zumba foi substituído por Zumbi, um herói. Foi finalmente destruído em 1694, por tropas comandada pelo paulista Domingos Jorge Velho.
Zumbi conseguiu fugir, porém foi preso e decapitado em 20 de novembro de 1695.

Vocabulário:

De livre espontânea vontade (of their own free will)
Tentou negociar uma paz   (he attempted to negotiate peace)
Ele perdeu o prestígio   (he lost his reputation, his reputation got tarnished)

Capítulo 14
Na Butique

É dezembro, mês de Natal e Ano Novo. Será a primeira passagem de ano que a família Lake passará no Brasil. Eles irão à praia e depois a uma festa na casa de uma amiga de Júlia que mora em frente à praia de Copacabana. Como de costume no Brasil, as pessoas entram o Ano Novo vestidas de branco, vão à praia assistir aos fogos de artifícios, molham os pés na água do mar e fazem um pedido a Yemanjá, que é a Deusa do mar.
Júlia quer usar um vestido branco, então ela vai com sua mãe a uma butique em Ipanema.

Vendedora - Em que posso lhe ajudar?

Júlia - Eu gostaria de experimentar aquele vestido branco.

Vendedora - Qual é o seu tamanho?

Júlia - Acho que é 38.

Vendedora - Aqui está. Pode experimentá-lo nesta cabine.

Júlia entra na cabine para experimentar o vestido.

Júlia - Moça, você tem um número menor? Este está um pouco comprido, precisará fazer bainha.

Vendedora - Tenho, vou pegá-lo para você.

Júlia experimenta o outro vestido e chama a vendedora.

Júlia - Este está um pouco apertado, vou ficar com o outro, mas vou perguntar a minha mãe se ela pode fazer a bainha. Mãe ..., você pode fazer a bainha deste vestido pra mim?

Mary - Aqui na loja não fazem?

Vendedora – Nós fazemos, mas só ficará pronto em uma semana, porque temos muito trabalho.

Mary - Uma semana é muito tempo. Está bem, eu faço. Júlia, você gostou mesmo do vestido? Aqui não é como nos Estados Unidos, que depois você muda de idéia e volta para trocar.

Júlia - Eu gostei muito. É esse o vestido que eu quero para a noite de Ano Novo.

Mary - Está bem. Quanto custa?

Vendedora – R$ 500,00 (quinhentos reais)

Mary - Puxa! É muito caro. Jú, você não quer um mais barato?

Júlia - Não, eu gostei deste.

Mary - Está bem, eu vou pagar.

Roupas

camisa   terno

calça

vestido   saia   blusa   sapato   meia   sapatos

Expressões e Vocabulário

Pode experimentar (roupa)   (you can try it on)
Fazer bainha   (hem it up)
Apertado   (tight)
Como de costume   (as usual)
Qual o seu número ou tamanho?   (What is your size)
Cabine   (fitting room)

1 - Onde a família Lake passará o Ano Novo?
2 - Com quem Júlia irá à butique?
3 - Onde fica a butique?
4 - Que número Júlia veste?
5 - Que cor é o vestido que Júlia quer comprar?
6 - O que precisa fazer no vestido para ficar bom?
7 - A loja fará a bainha?
8 - Quem fará a bainha?
9 - Quanto custa o vestido? É barato?
10 - Mary pode pagá-lo?
11 - Onde você passará o Ano Novo?
12 - Você vai colocar uma roupa nova?
13 - Você gostaria de passar o Ano Novo no Rio de Janeiro?

Futuro do presente

Pagar	**Ler**	**Assistir**
Eu pagarei	Eu lerei	Eu assistirei
Você pagará	Você lerá	Você assistirá
Ele, ela pagará	Ele, ela lerá	Ele assistirá
Nós pagaremos	Nós leremos	Nós assistiremos
Eles, elas pagarão	Eles, elas lerão	Eles, elas assistirão

Verbos Irregulares

Fazer	**Dizer**	**Trazer**
Eu farei	Eu direi	Eu trarei
Você fará	Você dirá	Você trará
Ele, ela fará	Ele, ela dirá	Ele, ela trará
Nós faremos	Nós diremos	Nós traremos
Eles, elas farão	Eles, elas dirão	Eles, elas trarão

O que você fará amanhã?
O que você fará nas suas férias?
O que você dirá amanhã quando chegar no escritório?
Onde você irá nos próximos feriados?
O que você trará de lá?
Você irá ao cinema neste fim de semana?
Você jantará num restaurante no sábado?
Você virá aqui amanhã?
Você escreverá este relatório até sexta-sexta feira?

Escreva as sentenças no tempo correto, como no exemplo:

No próximo Ano Novo, a família Lake irá à praia.
Hoje é Ano Novo, a família Lake vai à praia.
No último Ano Novo, a família Lake foi à praia.

Júlia vai sempre à loja.
Ontem
Amanhã

Júlia compra um vestido novo.
Ontem
Amanhã

Mary faz a bainha do vestido.
Ontem
Amanhã

John vai à festa também.
Ontem
Amanhã

Eu sempre venho aqui .
Ontem
Amanhã

Ele sempre dá flores à esposa.
Ontem
Amanhã

UM POUCO DE BRASIL

No próximo semestre, Júlia aprenderá na escola sobre a

POPULAÇÃO BRASILEIRA

A população brasileira é constituída por elementos brancos, negros e índios. Os brancos vieram na época da descoberta do Brasil, e aqui encontraram os indígenas, que eram os habitantes originários. Com a escravatura, os portugueses trouxeram os negros da África, e com o tempo, a miscigenação dividiu-se em três raças. Surgiu o mestiço brasileiro.

Houve ainda a influência francesa e holandesa, durante o período da colonização. E, no final do século 19, os imigrantes italianos, japoneses e depois os alemães. Estes três últimos se localizaram no Sul do país, dedicando-se à agricultura.

Vocabulário
Época - time, period, age
Mestiço - mixed race

Complete com a preposição correta:

Feche a janela antes _____ sair.

Faça isso _____ mim.

Os homens lutavam _____ paz.

Eu viajei _____ avião.

Ela está _____ Londres.

Maria foi _____ a China.

João está _____ restaurante.

Eu comprei este livro _____ você.

Eu fiz isto _____ você.

Eu agradeço o que você fez _____ meu filho.

O rio passa _____ bairros do Cosme Velho e Laranjeiras.

Eles se conheceram _____ Universidade.

Eles se casaram _____ igreja.

Nós fomos ao cinema depois _____ praia.

Agradeça a ele _____ mim.

John comprou um relógio _____ Daniel usar.

Depois _____ refeições, eles sempre tomam um cafezinho.

Eu vou _____ Paz e Amor _____ manhã, _____ tomar meu café da manhã.

O Paz e Amor fica perto _____ meu hotel.

Os brasileiros vão ao bar _____ assistir o jogo do Brasil.

Eles tomam uma cervejinha _____ comemorar a vitória do jogo.

Saia _____ porta da frente. Não saia _____ janela.

Ele tem vontade _____ ir lá.

Ele tem vontade _____ morar lá.

Eu entrei _____ bar para comer um pão de queijo e beber um guaraná.

Eu entrei _____ escritório às 7:00h da manhã.

Eu saí _____ escritório às 5:00h da tarde.

Eu cheguei _____ casa às 5:30h.

Ela chegou _____ casa às 5:15h.

Ele chegou _____ minha casa às 6:00h.

Eu já estou cansado _____ trabalhar.

Você vem _____ carro ou _____ ônibus.

_____ onde você vai nas suas férias?

O morcego passou _____ cima de mim.

O carro passou _____ baixo do viadulto.

Saia da pista a direita e passe _____ baixo do viadulto.

CAPÍTULO 15

Aniversário

Ontem foi dia 9 de Janeiro. Dia do aniversário de Daniel. Ele completou 18 anos. Daniel é mais velho que Júlia dois anos.

Seus pais lhe perguntaram se ele **gostaria** de dar uma festa, mas Daniel disse que não, pois preferia viajar. Ele disse aos seus pais que **gostaria** de conhecer o Sul do país. Já ouviu falar dos famosos chocolates de Gramado, e tinha vontade de ir até lá. Então, seus pais concordaram em lhe dar esse presente. Além da viagem, seus pais lhe deram um relógio muito bonito.

À noite, Daniel marcou um encontro com seus amigos numa pizzaria do Leblon. Quando chegou lá, Júlia e seus amigos haviam preparado uma festa surpresa.

Os garçons cantaram:

> Parabéns pra você
> Nesta data querida
> Muitas felicidades
> Muitos anos de vida

Foi uma noite muito agradável para Daniel.

Perguntas:

1 - Quando é o aniversário de Daniel?
2 - Quantos anos Daniel é mais velho do que Júlia?
3 - Daniel quer dar uma festa?
4 - O que ele quer de presente?
5 - O que seus pais lhe dão de presente?
6 - O que Júlia e seus amigos preparam para Daniel?
7 - Qual a data de seu aniversário?
8 - O que você gosta de fazer no seu aniversário?
9 - Você ganha muitos presentes?

CONDICIONAL

Falar

Eu falaria
Você falaria
Ele, ela falaria
Nós falaríamos
Eles falariam

Beber

Eu beberia
Você beberia
Ele, ela beberia
Nós beberíamos
Eles beberiam

Sair

Eu sairia
Você sairia
Ele, ela sairia
Nós sairíamos
Eles sairiam

Fazer

Eu faria
Você faria
Ele, ela faria
Nós faríamos
Eles fariam

Trazer

Eu traria
Você traria
Ele, ela traria
Nós traríamos
Eles trariam

Dizer

Eu diria
Você diria
Ele, ela diria
Nós diríamos
Eles diriam

Passe para o Condicional:

Eu irei - eu iria
Eu terei -
Eu serei -
Ele será -
Nós estaremos -
Eles comprarão -
Ela virá -
Eu trarei -
Nós diremos -
Elas poderão -
Você poderá -
Você fará -
Nós faremos -
Nós diremos -
Eu direi -
Ela dirá -
Eu virei -

Eu trarei -
Você virá -
Nós traremos -
Ele porá -
Eu saberei -
Ela jogará -
Ele gostará -
Nós trabalharemos -
Eles dançarão -

Complete com o Condicional:

Ela _____ à praia. (ir)
Eu _____ tudo. (comer)
Nós _____ de ver você. (gostar)
Eles _____ a verdade. (dizer)
Você _____ tudo da loja. (comprar)
Ele _____ tudo por mim. (fazer)
Eu _____ meu computador para você ver. (trazer)
Nós _____ mais rápido. (aprender)
Maria _____ os amigos. (esquecer)
Jorge _____ os amigos. (ver)
Marina _____ secretária. (ser)
Marcos _____ viajando. (estar)
Luís _____ tudo. (saber)
Eu e você _____ quatro caipirinhas. (beber)
Simone _____ Daniel. (namorar)
João _____ no Brasil. (trabalhar)
Paula _____ na Espanha. (morar)
Sérgio _____ contente. (ficar)
Eu e você _____ uma viagem. (fazer)
Gabriel _____ feliz. (ser)
Nós _____ o que vimos. (dizer)
Sheila e Irene _____ aqui. (vir)
Irene _____ com Jorge. (sair)
Laura e Fernando _____ para Angola. (viajar)

Infinitivo Pessoal

para eu aprender	até eu começar
para você aprender	até você começar
para ele aprender	até ele começar
para ela aprender	até ela começar
para nós aprendermos	até nós começarmos
para eles aprenderem	até eles começarem

Usa-se depois de uma preposição: para, de, até, após, etc.

Este livro é para nós lermos.

Ele trouxe uma carne para nós fazermos um churrasco.

Nós vamos caminhar até começar a chover.

O ladrão correu até fugir da polícia.

Ela repetiu a lição até nós aprendermos.

Maria fez a comida para eles comerem.

John comprou um relógio para o Daniel usar.

Após Márcio sair de casa, Telma ligou.

Minha esposa comprou chocolate para nós comermos.

Ela dormiu após a festa acabar.

Eu saí antes de vocês chegarem.

Capítulo 16

Está chegando o carnaval. John é leigo neste assunto, e quer saber como o samba entra na vida dos brasileiros. Então, ele conversa com Artur.

John – Como o samba entra na vida dos brasileiros?

Artur – O samba é uma das maiores culturas brasileiras. Em qualquer parte do Brasil, o samba está presente desde os primeiros anos de vida.

John – De onde originou-se a palavra "samba"?

Artur – "Samba" originou-se de "semba", uma palavra africana. Para os escravos africanos trazidos ao Brasil nos séculos 17, 18 e 19, a palavra tinha vários significados, como invocar os espíritos, rezar.

John – Quando apareceu escrita, pela primeira vez, a palavra "samba"?

Artur – Foi em 1838, no jornal "O Carapuceiro".

John – No Brasil, onde teve origem?

Artur – Diz-se que o samba é originário da Bahia. Quando os escravos foram trazidos para o Rio de Janeiro, pelos senhores, e abandonados na época que a cana e o fumo da região entraram em declínio, então o samba veio para o Rio de Janeiro.

John – E o que aconteceu com o Rio de Janeiro?

Artur –Tornou-se a capital do samba. A partir daí, começou a fazer parte da vida de todos os brasileiros, de toda a nação.

John – O que é batucada? Batuque?

Artur – No Brasil, a palavra batucada é usada para definir as pessoas que utilizam instrumentos de percussão, e se reunem para tocar, cantar e dançar o samba.

John – E as escolas de samba? Quando surgiram?

Artur – Surgiram na década de 20.

John – Qual foi a primeira escola de samba?

Artur – A primeira foi "Deixa falar", hoje chamada "Estácio de Sá".

John – E as outras, quando surgiram?

Artur – Na mesma época, foram fundadas a Portela, o Salgueiro, a Padre Miguel, a Vila Isabel, a Imperatriz. A mais tradicional é a Mangueira.

John – Eu gosto muito de samba, e gostaria de desfilar numa escola.

Artur – Muito bem. Acho que você vai gostar. Em qual escola?

John – Eu e minha esposa gostaríamos de desfilar na Mangueira. Meus filhos irão desfilar na Beija-Flor, você conhece?

Artur – Conheço. Então vá firme. Compre sua fantasia e divirta-se.

Vocabulário:

Leigo   (layman)

Originar   (native, start, originate from)

Invocar   (to invoke)

Rezar   (to pray)

Cana   (sugar cane)

Desfilar   (to parade)

Surgir   (to appear)

Fantasia   (costume)

Divertir-se   (have a good time, enjoy)

Beija-Flor   (hummingbird)

COMPOSTO

Ultimamente o Sr. Lake **tem trabalhado** muito. A Sra. Lake está bronzeada porque é verão e ela **tem ido** muito à praia. Todos os fins de semana, Júlia vai à discoteca. Ela **tem dançado** muito. Daniel não gosta de dançar, prefere viajar nos fins de semana. Ele já foi a Petrópolis, Teresópolis, Cabo Frio, Búzios, Friburgo, Itaipava. Ele **tem viajado** bastante. Eles estão gostando muito de morar no Rio de Janeiro. Gostam da comida, das bebidas, dos passeios, das pessoas e do clima. Eles **têm comido** muita feijoada e **têm bebido** caipirinha.

No café da manhã, Júlia gosta de comer um queijo quente e tomar uma laranjada, mas Daniel prefere um misto-quente. Eles **têm almoçado** separados, mas **têm jantado** juntos.

O presente composto é uma ação que começa no passado e continua se repetindo até o presente; ainda não acabou. É formada com o verbo ter + particípio.
Ex.Eu fui ao cinema semana passada três vezes, esta semana eu fui quatro vezes, hoje eu também vou ao cinema. Eu **tenho ido** muito ao cinema

Particípio dos verbos regulares:
Verbos terminados em **AR** têm a terminação = **ado** ex. falar - falado
Verbos terminados em **ER** têm a terminação = **ido** ex. beber - bebido
Verbos terminados em **IR** têm a terminação = **ido**   ex. partir - partido

Particípio dos verbos irregulares:

fazer - feito
dizer - dito
gastar - gasto
ver - visto

abrir - aberto
escrever - escrito
pagar - pago
vir - vindo

aceitar - aceito
ganhar - ganho
pôr - posto
cobrir - coberto

Vocabulário
bronzeada (suntanned)
Caipirinha (brazilian drink)
queijo-quente (grilled cheese sandwich)
misto-quente (toasted cheese and ham sandwich)

Responda:
1 - Você tem estudado português?
2 - Você tem trabalhado muito?
3 - Você tem saído nos fins de semana?
4 - O que você tem feito nos fins de semana?
5 - Você tem gasto muito dinheiro?
6 - Júlia tem dançado Forró?
7 - Você tem aberto seu livro de português?

UM POUCO DE BRASIL
A família Lake viajará durante a Semana Santa para Porto Seguro, na Bahia.
Quando Cabral chegou ao Brasil, em 1500, aportou no litoral da Bahia, denominando a localidade de Porto Seguro. A partir daí, a cidade se desenvolveu com a chegada dos portugueses. Escravos foram trazidos da África, pois os indígenas foram considerados inadequados para o trabalho pesado. O povo brasileiro é resultado da mistura das raças entre brancos, negros e índios.
Os escravos se libertaram em 1888, com a Lei Áurea, assinada pela princesa Isabel.

Voz Ativa e Passiva

VOZ ATIVA   **VOZ PASSIVA**

Carlos compra uma casa.   Uma casa é comprada por Carlos.
Carlos comprou uma casa.   Uma casa foi comprada por Carlos.
Carlos comprará uma casa.   Uma casa será comprada por Carlos.
Maria faz um bolo.   Um bolo é feito por Maria.
Maria fez um bolo.   Um bolo foi feito por Maria.
Maria fará um bolo.   Um bolo será feito por Maria.

Passe para a voz Passiva:

André come uma torta. _____.
Júlia parte o bolo.   _____.
Célia faz o bolo.   _____.
Júlia gasta muito dinheiro. _____.
Roni paga a conta no restaurante. _____.
Maria comprou uma casa._____.
André comeu uma torta. _____.
Célia fez uma torta.   _____.
Maria comprará uma casa. _____.
Luís abriu uma garrafa de vinho. _____.
Júlia viu André.   _____.
Daniel comprará uma bicicleta. _____.

PASSE PARA O PRESENTE COMPOSTO COMO NO EXEMPLO:

Eu trabalho.   Eu tenho trabalhado.
Eu bebo água.   _____.
Ela vai ao cinema todos os fins de semana. _____.
Nós viajamos.   _____.
Eu venho aqui quase todos os dias.   _____.
Eles fazem o jantar.   _____.
Ele está doente.   _____.
Nós abrimos o livro de português.   _____.
Vera lê muitos livros.   _____.
Eu acordo cedo.   _____.
Eu durmo tarde.   _____.
Simone almoça no restaurante.   _____.
Eu vejo muitas casas grandes.   _____.
A cidade está suja.   _____.
Márcia paga as contas.   _____.

TEMAS PARA REDAÇÃO

O Mundo Em que Vivemos

O Século Em que Vivemos

Mais - que - Perfeito Composto

É um tempo que aconteceu no passado, antes de um outro passado.
Ex. Quando eu cheguei em casa, você já tinha saído.
    Quando eu cheguei no aeroporto, o avião já tinha partido.
    Quando Laura foi para Europa, seu namorado já tinha voltado.

Ontem eu e minha irmã fomos à praia de Ipanema, para nos encontrarmos com uns amigos. Quando nós chegamos, eles já **tinham chegado**. Nós conversamos muito. Depois da praia, eu e minha irmã fomos almoçar num restaurante em Ipanema, mas meus amigos já **tinham almoçado**. À noite, eu não fui ao cinema porque já **tinha assistido** o filme que eles queriam ver.

É formado com o Imperfeito do verbo ter + particípio.

Eu tinha falado
Você tinha pensado
Ela tinha chegado
Nós tínhamos saído
Eles tinham feito

Complete com o M.Q. P. Composto:

1-Quando o Sr. Lake chegou em casa, a Sra. Lake já _____ . (chegar)
2- O filme que você assistiu, eu já _____ . (assistir)
3- Quando Júlia chegou, seus pais já _____. (jantar)
4- Quando John e Mary foram a Ouro Preto, Daniel já _____ . (ir)
5- Quando Júlia foi à festa de Ano Novo, ela já _____ (comprar) um vestido novo.
6- Quando você me telefonou, eu já _____. (sair)
7- Quando Cabral descobriu o Brasil, Colombo já _____ (descobrir) a América.

UM POUCO DE BRASIL

Tiradentes

No século 18, Minas Gerais era o centro econômico e intelectual da colônia.
Na preparação da Inconfidência Mineira, uniram-se pessoas da classe média de Minas Gerais, como padres, militares, estudantes, poetas, etc. Entre eles, um dentista chamado Joaquim José da Silva Xavier, o Tiradentes.
Tiradentes era o líder deste movimento pela independência do Brasil. Eles não estavam satisfeitos com o que os portugueses faziam. Este movimento fracassou, pois foi denunciado por um dos envolvidos. Tiradentes foi preso no Rio de Janeiro, e enforcado em 21 de abril de 1792. Seu corpo foi esquartejado e levado para Minas Gerais, onde sua cabeça foi exposta em Vila Rica.

JOGO 2

Dividir a turma em dois grupos, e o grupo que responder primeiro ganha um ponto.

1) Qual é o oposto de último?

2) Qual o Pretérito Perfeito de "eu trago"?

3) Qual o oposto de estreito?

4) Qual o oposto de longe?

5) Quando uma pessoa não pode ver bem, o que ela usa?

6) Qual é o dia que vem depois da quarta-feira?

7) Qual é o nome do nosso planeta?

8) O que vemos no céu à noite?

9) Quais são as estações do ano?

10) Qual o primeiro mês do ano?

11) Quando a sua comida está fria, você pede ao garçom para_____.

12) A vida começa com o _____.

13) A vida termina com a _____.

14) Com que parte do corpo você vê?

15) Para que servem os livros?

16) Qual o oposto de limpo?

17) Quem não pode ver é _____.

18) Uma pessoa que está com o nariz onde não é chamada é _____.

19) Qual o mês que se comemora o descobrimento do Brasil?

20) Faça o comparativo de igualdade:

Maria é alta. Marta é alta também. Ambas medem 1,70m.

21) Quem não pode falar é _____.

22) Quem só pensa em comer e come o tempo todo é _____.

Discurso Direto e Indireto

Discurso Direto	**Discurso Indireto**
Ele disse: - Eu vou ao cinema.	Ele disse que vai ao cinema.
Ele disse: - Eu não trabalhei ontem.	Ele disse que não trabalhou ontem. Ele disse que não tinha trabalhado ontem.
Ele disse: - Não estarei cansado.	Ele disse que não estará cansado.
Ele perguntou: Onde você pôs meus sapatos?	Ele perguntou onde eu pus seus sapatos. Ele perguntou onde eu tinha posto seus sapatos.
Eu perguntei: Quem você viu?	Eu perguntei quem você tinha visto.
Eu perguntei: Eles vão à praia?	Eu perguntei se eles iriam à praia.
Ela me perguntou: Você está gostando do filme?	Ela me perguntou se eu estava gostando do filme.

Passe para o Discurso Indireto:

O garçom perguntou:
Quem quer mais cerveja?

Sr. Lake perguntou:
Vocês fizeram uma boa viagem?

Ela me perguntou:
Você está gostando da comida?

Ele me perguntou:
Onde fica Minas Gerais?

Ela me disse:
Eu irei a Paris.

Eles me disseram:
Ela está gostando do Brasil.

CAPÍTULO 17
Almoço de Negócios

Sr. Lopes -Este é o Sr. Lima, Presidente da Firma.

Sr Lake - Muito prazer.

Sr. Lima - O prazer é todo meu.

Sr. Lopes -Bem, vamos nos sentar.

(O garçon se aproxima, entregando o cardápio a cada um).

Garçon - O que os senhores desejam?

Sr. Lima - Aqui eles fazem uma excelente feijoada!

Sr. Lake - Eu nunca experimentei, gostaria de provar uma.

Sr. Lopes - Acho que é o melhor pedido.

Sr. Lima - *(virando-se para o garçon)* Então, feijoada para três.

Garçon - Os senhores aceitam uma salada?

Sr. Lopes -Como é a salada?

Garçon - É muito boa! Tem alface, tomate, cenoura, pepino, azeitonas e palmito.

Sr. Lopes - É uma boa pedida. Uma salada grande dá para os três.

Garçon - Para sobremesa temos uma salada de frutas deliciosa.

Sr. Lopes -Quais são as frutas ?

Garçon - Uva, laranja, morango, mamão e abacaxi.

Sr. Lake - Eu quero. Uma salada de frutas para mim, e para beber uma caipirinha.

Sr.Lopes - Então, três caipirinhas, por favor.

Sr. Lima - Por quanto tempo ficará no Brasil?

Sr. Lake - Cerca de quatro anos, até implantar o novo sistema de informática.

Sr. Lima - Sua família veio também?

Sr. Lake - Sim. Estamos num apartamento alugado, enquanto procuramos um apartamento para comprar.

Sr. Lopes -Esperamos que a sua temporada aqui seja bastante produtiva e agradável.

Sr. Lima - Então, um brinde a sua estadia.

Vocabulário

Excelente - Muito boa (excellent)

Feijoada - Prato típico do Brasil com feijão preto, carne seca, linguiça, etc. (brasilian dish)

Provar - Experimentar (to taste, to try, to prove)

Implantar - introduzir, estabelecer (to introduce)

Cerca de - aproximadamente, mais ou menos (around, about)

Enquanto - ao mesmo tempo (while)

Temporada - estadia (season)

Deliciosa - muito gostosa, muito boa (delicious)

Brindar - beber a saúde de ... pelo sucesso (toast)

Enquanto

O John está num hotel, enquanto procura um apartamento.

Enquanto Sr. Lake trabalha, sua esposa olha os apartamentos.

Enquanto eles conversam no restaurante, o cozinheiro prepara a feijoada.

Cerca de

O Sr. Lake ficará no Brasil **cerca de** dois anos.
O Sr. Lake ficará no Brasil **mais ou menos** dois anos.
O Sr. Lake ficará no Brasil **aproximadamente** dois anos.

Quando

Eu escuto rádio quando trabalho.
Maria lê o jornal quando toma café da manhã.

Responda:

Você janta quando assiste televisão?
Você fala ao telefone quando janta?
Você lê o jornal quando almoça ?
Você escuta música quando trabalha?
O que você faz enquanto seu chefe viaja?
Enquanto seu filho está na escola o que você faz?
O que você faz enquanto seu esposo trabalha?

Presente do Subjuntivo

O Presente do Subjuntivo exprime dúvida, sentimento, desejo, vontade, pedido, ordem.

Verbos Regulares :
Verbos terminados em **AR** vão ter a terminação **E** no Presente do Subjuntivo.

Ex. Falar – que fal**e**, Entrar – Que entr**e** , Chegar – Que cheg**ue**, Pagar – Que pag**ue**
Verbos com a terminação em **ER** e **IR** vão ter a terminação **A** no Presente do Subjuntivo.
Ex. Beber – Que beb**a**, Comer – Que com**a**, Correr – Que corr**a**, Sair – Que sai**a**,
Abrir – Que abr**a**.

É necessário que ela compre um carro novo.
Talvez eu viaje a Paris. Espero que você consiga o trabalho.
Tomara que ela compre logo a casa. É importante que nós falemos com eles.
Talvez eu venda meu carro. Talvez eu ligue para você amanhã.
É bom que ele abra as janelas do carro para entrar um pouco de ar.

que eu fale	que eu beba	que eu abra
que você fale	que você beba	que você abra
que nós falemos	que nós bebamos	que nós abramos
que eles falem	que eles bebam	que eles abram

Os verbos Irregulares: Muda-se a terminação **O** do presente do Indicativo para **A** no Presente do Subjuntivo.

Presente do Indicativo	Presente do Subjuntivo
Eu vejo	que eu veja
Eu venho	que eu venha
Eu trago	que eu traga
Eu tenho	que eu tenha
Eu faço	que eu faça
Eu posso	que eu possa
Eu peço	que eu peça
Eu perco	que eu perca
Eu ouço	que eu ouça

Exceções:
Ser - Seja / Ir - Vá / Estar - Esteja / Saber - Saiba / Querer - Queira / Dar - Dê
Exemplos:
Talvez eu vá à praia. É bom que você seja pontual. Talvez eu esteja aqui amanhã. É importante que você queira aprender português. Talvez eu dê um presente para você. Espero que ele nunca saiba da verdade. Talvez eu faça uma feijoada no domingo. Tomara que ele venha aqui amanhã e que traga o meu presente de aniversário. Espero que amanhã faça sol. É importante que ela veja aquele filme.

Duvido que	É bom que
Espero que	Proíbo que
Talvez	Pode ser que
Quero que	Exijo que
Peço que	Faço questão que
Tomara que	É importante que
Desejo que	Lamento que

COMPLETE COM O PRESENTE DO SUBJUNTIVO

1 - Garçon, eu quero mais três caipirinhas.
   - Espero que você não _____ (ficar) bêbado.

2 - Será que vai chover amanhã?
   - Espero que não _____ (chover). Eu quero ir à praia.

3 - Você vai à festa no sábado?
   - Não tenho certeza. Talvez eu _____ (ir).

4 - Quem vai fazer este projeto?
   - Espero que Carlos _____ (fazer), ele entende bem do assunto.

5 - Quando este projeto estará pronto?
   - Espero que _____ (estar) antes do fim da semana.

6 - A Márcia virá aqui amanhã?
   - É bom que _____ (vir), ela prometeu trazer meu livro.

7 - Ela vai trazer seu livro
   - É bom que _____ (trazer). Faz seis meses que eu lhe emprestei.

8 - Ela vai dizer a verdade ao marido?
   - Espero que ela não _____ (dizer) a verdade. Caso contrário dará
   em divórcio.

9 - Ela vai ver este carro?
   - É importante que ela _____ (ver). O carro, além de bem conservado,
   está com um preço ótimo.

10 - Para onde você irá nas suas férias?
   -Talvez eu _____ (ir) à China.

Acrescente as expressões dadas:

Ex.- (espero que) – você viaja muito
Espero que você **viaje** muito.

1 - (Talvez) Eu compro um carro.   _____

2 - (Receio que) Você não volta.   _____

3 - (Sinto que) Você vai embora.   _____

4 - (Prefiro que) Você fica.   _____

5 - (Espero que) A casa é grande.   _____

6 - (É possível que) Chove hoje à noite.   _____

7 - (É importante que) Você estuda português.   _____

8 - (Talvez) Daniel traz seus amigos.   _____

9 - (Receio que) Júlia vem muito tarde.   _____

10 - (Tomara que) A secretária é pontual.   _____

REDAÇÃO: A FOME

Modifique as orações usando "**talvez**" como no exemplo:

Ex. Eu vou à praia.
Talvez eu vá à praia.

1 - Ela vem de carro. _____

2 - Ele está no escritório. _____

3 - João vai ao Chile. _____

4 - Maria viaja com suas amigas._____

5 - Daniel lê um livro. _____

6 - A secretária é pontual. _____

7 - Júlia compra um vestido. _____

8 - Roni vai ao restaurante. _____

Modifique as orações usando "**tomara que**".

Ex. Marcos vai ao jogo.
Tomara que Marcos vá ao jogo.

1 - Chove. _____

2 - Faz sol. _____

3 - Ele é bom. _____

4 - Ela é rica. _____

5 - Você faz um bolo. _____

6 - Ele está em casa. _____

7 - É cedo. _____

8 - Eu vou à China. _____

9 - Júlia dá uma festa. _____

10 - Ele me telefona. _____

Modifique as orações usando "**receio que**".

Você não vai passar no teste.
Receio que você não passe no teste.

1 - Ela vai embora.   _____

2 - Ela não estuda.   _____

3 - Ela está doente.   _____

4 - Você não faz o trabalho.   _____

5 - Eu não termino o projeto.   _____

6 - O meu time perde o jogo.   _____

7 - Ela não vai passar no exame.   _____

8 - Este avião não está bom.   _____

9 - Você não é feliz.   _____

10 - Ele não sabe a resposta.   _____

11 - Ela gasta todo o dinheiro.   _____

12 - Ela me vê com você.   _____

13 - André vem aqui hoje.   _____

14 - A obra não fica boa.   _____

15 - Não vem ninguém à festa.   _____

16 - Você não gosta de mim.   _____

17 - Eu perco o emprego.   _____

18 - Ela não está em casa.   _____

19 - Meu gato está doente.   _____

20 - Meu computador não funciona.   _____

21 - Não emagreço com esta dieta.   _____

22 - Tenho de fazer uma cirurgia.   _____

Use a sua imaginação e crie uma estória usando as figuras acima.

_____
_____
_____
_____
_____
_____
_____
_____
_____
_____
_____
_____
_____
_____
_____
_____
_____

TENHA + PARTICIPIO

É provável que ele não tenha ido a reunião.

Pedro é muito ciumento. Espero que Ângela não tenha voltado para ele.

Espero que Mariza tenha comprado aquele carro. Estava com um preço ótimo.

É provável que Carmem tenha viajado para Portugal.

Talvez eles tenham visto Fernando na festa com alguém, mas eles não disseram
 nada para Helena.

É provável que Sheila tenha feito toda a decoração da festa.

Espero que Jorge não tenha gasto todo o dinheiro que recebeu.

Modifique as frases como no exemplo;

Espero que você seja compreensivo com seu filho.
Ex. Espero que você tenha sido compreensivo com seu filho.

1   - Tomara que a viagem seja boa.

2   - Receio que ela fique doente.

3   - Tomara que o jantar seja bom.

4   - Espero que ela ganhe o concurso de dança.

5   - Tomara que eu seja promovido.

6   - Receio que ele desista do concurso de dança.

7   - Talvez Eliane arrume um emprego.

8   - Talvez eu pague meu carro antes do fim do ano.

9   - É provável que Roberto abra uma loja.

10 - É provável que Luciana venha a festa.

Capítulo 18
O Feriado

Júlia e Daniel aproveitarão o feriado de 7 de setembro, Dia da Independência do Brasil, para fazerem um passeio exótico. **Se fizer** sol, eles irão com um amigo conhecer a Pedra Bonita, local onde as pessoas pulam de asa delta.

Carlos, amigo de Daniel, costuma praticar esse esporte. O local tem uma bonita vista, do alto de uma montanha, onde se vê a Praia do Pepino e a Pedra da Gávea. As asas coloridas sobrevoam as montanhas, cruzando o céu azul, e vão aterrissar nas areias da Praia do Pepino, em São Conrado.

Daniel acha lindo, quer fazer um vôo duplo e disse para Carlos que, **se ele não sentir** medo, se matriculará num curso.

Daniel fez o vôo duplo e não sentiu medo, então se matriculou num curso.

Quando seus pais souberam, tentaram impedí-lo de iniciar o aprendizado, mas o professor explicou-lhes sobre a segurança que existe para quem pratica esse esporte. Explicou também que o homem sempre sonhou em voar como os pássaros, e esta será a oportunidade dele realizar esse sonho. John se animou e resolveu também fazer um vôo duplo.

Vocabulário:
Asa delta   (Hang Gliding)
Vôo duplo   (go tandem with experienced pilot)
Segurança   (safety)

Futuro do Subjuntivo

O Futuro do Subjuntivo é formado com a terceira pessoa do plural do Pretérito Perfeito, menos a terminação **AM**

Pretérito Perfeito

Falar = Eles falar(am)
Beber = Eles beber(am)
Ter   = Eles tiver(am)
Trazer = Eles trouxer(am)
Ir /ser = Eles for(am)
Dar   = Eles der(am)
Estar = Eles estiver(am)
Dizer = Eles disser(am)
Saber = Eles souber(am)
Vir   = Eles vier(am)
Ver   = Eles vir(am)

Futuro do subjuntivo

falar
beber
tiver
trouxer
for
der
estiver
disser
souber
vier
vir

Vir

Se eu vier
Se você vier
Se ele vier
Se ela vier
Se nós viermos
Se eles vierem

Saber

Se eu souber
Se você souber
Se ele souber
Se ela souber
Se nós soubermos
Se eles souberem

Quando eu for ao Brasil, irei para o Rio de Janeiro.
Quando ele souber da verdade, ficará feliz.
Amanhã, quando você vier para cá, passe no banco para mim, por favor.
Se chover amanhã, não irei à praia.
Se fizer bom tempo, irei à praia no fim de semana.
Se eu puder tirar férias no verão, irei à Grécia.
Se eu tiver dinheiro no próximo ano, comprarei um carro novo.
Quando eu comprar um carro novo, escolherei um carro alemão.
Quando você disser toda a verdade, ela não acreditará.
Quando ela puser os pratos na mesa, precisará de ajuda.
Você vai à festa? Se você vir o Carlos, mande lembranças.
Se Deus quiser, irei ao Brasil no próximo ano.

Complete com o Futuro do Subjuntivo:

1 - Você vai à praia amanhã?
   - Não sei, mas se eu _____ (ir), te telefonarei.

2 - Márcia vai fazer um churrasco no feriado?
   - Não sei, mas se ela _____ (fazer), eu irei.

3 - Você acha que ele vai dizer a verdade no tribunal?
   - Se ele _____ (dizer), todos ficarão surpresos.

4 - O dolar vai aumentar outra vez.
   - Se _____ (aumentar) muito, não poderei viajar.

5 - Garçom, mais uma caipirinha!
  - Você já bebeu muito. Se você _____ (tomar) mais uma, não poderá dirigir.

6 - Você pode ir ao dentista amanhã de manhã comigo?
  - Se eu _____ (poder), eu lhe telefonarei hoje à noite.

7 - Quando eu _____ (ter) férias, irei a Paris. Você quer ir?
  - Se eu _____ (ter) dinheiro e _____ (poder), eu irei.

8 - Quando você _____ (ir) a Paris, você ficará num hotel caro?
  - Quando eu _____ (ter) dinheiro, eu ficarei, mas, por enquanto, ficarei num barato.

9 - O que você vai fazer amanhã?
  - Se _____ (fazer) sol, irei à praia.

10 - Você vai trazer sua irmã aqui amanhã?
  - Não sei, se eu _____ (trazer), eu lhe avisarei.

11 - Vamos trabalhar juntas?
  - Se nós _____ (trabalhar), teremos de ser organizadas.

12 - Vamos ao cinema hoje à noite?
  - Se eu _____ (ter) tempo, iremos
  - Se nós _____ (ir), vamos a um cinema em Copacabana?

TEMPO

Chuva	(rain)	Sol	(sun)
Vento	(wind)	Nuvem	(cloud)
Neve	(snow)	Estrelas	(stars)
Lua	(moon)	Terremoto	(earthquake)
Furacão	(hurricane)	Tornado	(tornado)

Hoje não tem Sol. O dia está nublado, com muitas nuvens no céu. Eu acho que vai chover hoje à tarde. Eu espero que faça sol no fim de semana. **Se fizer** sol eu irei à praia, mas **se chover** eu ficarei em casa ou irei ao cinema. Tomara que não tenha nenhum tornado, pois **se tiver**, fará um estrago na cidade.

Estamos em época de furacão, mas eu espero que não tenha nenhum forte que provoque alguma destruição, porque, **se eu souber** a tempo, sairei da cidade.

UM POUCO DE BRASIL

Com o golpe militar que houve em 1964, começou no Brasil um governo de ditadura, em que havia censura e muita repressão nos meios de comunicação, inclusive nos jornais, televisão, rádio, cinema, teatro, etc. Entre 1969 e 1970, ocorreram quatro grandes seqüestros de embaixadores em troca da liberdade de prisioneiros políticos. O embaixador norte-americano foi trocado por 15 prisioneiros políticos; o cônsul geral japonês em São Paulo, por cinco prisioneiros políticos; o embaixador suíço, trocado por 70 prisioneiros; o embaixador da Alemanha, trocado por 40 prisioneiros políticos. Esta ditadura, que durou 21 anos, marcou muito o seu país e o seu povo.

TEMA PARA REDAÇÃO: A Injustiça.

Imperfeito do Subjuntivo

Expressa uma vontade, um sonho, uma fantasia, um fato incerto, uma condição.
Amanhã vai chover. Se não chovesse, eu iria à praia.
Eu não jogo na loteria, mas se eu jogasse e ganhasse, daria a volta ao mundo.

Formação do Imperfeito do Subjuntivo
É formado com a terceira pessoa do plural do Pretérito Perfeito, retirando-se a
terminação **ram** e acrescentando **sse**

Eles compraram + sse   = comprasse
Eles falaram   + sse   = falasse
Eles foram   + sse   = fosse
Eles tiveram   + sse   = tivesse
Eles deram   + sse   = desse
Eles trouxeram + sse   = trouxesse
Eles estiveram + sse   = estivesse
Eles disseram   + sse   = dissesse
Eles souberam   + sse   = soubesse
Eles quiseram   + sse   = quisesse
Eles fizeram   + sse   = fizesse
Eles puderam   + sse   = pudesse
Eles vieram   + sse   = viesse

Fazer   **Dizer**   **Dar**

Se eu fize**sse**   Se eu disse**sse**   Se eu de**sse**
Se você fize**sse**   Se você disse**sse**   Se você de**sse**
Se ela fize**sse**   Se ela disse**sse**   Se ela de**sse**
Se nós fizé**ssemos**   Se nós dissé**ssemos** Se nós dé**ssemos**
Se eles fize**ssem**   Se eles disse**ssem** Se eles de**ssem**

Se ele chega**sse** cedo, nós i**ríamos** ao cinema.
Se eu fo**sse** você, não fa**ria** isso.
Se ela vi**sse** o que aconteceu, fica**ria** muito nervosa.
Se ela vie**sse** aqui hoje, eu fica**ria** muito feliz.
Se nós viajá**ssemos** juntos, nos diverti**ríamos** muito.
Se você fize**sse** um curso de português, pode**ria** entender melhor.
Se eles fo**ssem** para o Brasil, i**riam** para o Rio de Janeiro.

Complete com o verbo indicado no Imperfeito do Subjuntivo:

Se eu (ter) _____ dinheiro, (viajar) _____ para Austrália.
Se ela (estar) _____ na reunião, (saber) _____ o que aconteceu.
Se você (saber) _____ da verdade, (ficar) _____ triste.
Se nós lhe (dar) _____ um carro novo, ele (viajar) _____ para San
Francisco.
_____ (ser) melhor se ele (dizer) _____ a verdade.
Se ele (falar) _____ português bem, (conseguir) _____um bom emprego.
Se este time (jogar) _____ melhor, (ganhar) _____ o jogo.

Se eu (ganhar) _____ na loteria, (ficar) _____ muito feliz.
Se ela (trazer) _____ os livros, eu os (comprar)_____.
Se eu (vir) _____ de carro, (trazer) _____ José.
Se eu _____ (ser) você, não compraria este carro.
Se ela _____ (vir) aqui, ficaria muito feliz.
Se eu _____ (terminar) o trabalho cedo, iria ao cinema.
Se nós_____ (ver) a Márcia, não falaríamos com ela.
Se você_____ (poder) viajar, poderíamos ir à Itália.
Se eles _____ (dar) uma festa, é claro que nós iríamos.
Se eu _____ (ter) uma casa grande, daria muitas festas.
Se ela _____ (estar) aqui agora, conheceria o Daniel.
Se eu _____ (pôr) minhas roupas na mala, elas se amarrotariam.
Se ela _____ (estudar) mais, tiraria melhores notas.

-Em que praia você vai amanhã?
-Eu não vou à praia, mas se eu _____, (ir) _____ (ir) em Ipanema.

-Vera não vem à festa hoje à noite.
-Se ela (vir) _____, ela (conhecer) _____ o Rui.

-Ela nunca dá frituras e cachorro quente para as crianças.
-Se ela (dar) _____ , as crianças não (ser) _____ tão saudáveis.

Nós estamos em dieta. Se não (estar) _____, (comer) _____ num restaurante mexicano.

-Você sabe fazer feijoada?
-Eu não sei. Se eu (saber) _____, eu (fazer) _____ uma neste sábado.

-Você faz ginástica?
-Não, eu não faço. Mas se eu (fazer) _____, eu (estar) _____ uma gata.

Eu sou muito desafinada, mas se eu (ser) _____ afinada, eu (ser)_____ cantora.

-Alguém aqui quer jantar comigo esta noite? Respondam por favor.
-Ninguém quer. Se alguém (querer)_____, (ter)_____ respondido.

Ele não pode tirar férias em abril. Que pena! Se ele (poder)_____, (ir) _____ à França comigo.

-Você tem filhos?
-Não, se eu (ter) _____, não (viajar) _____ tanto quanto viajo.

-A firma não está bem, o que você acha?
-Acho que não, se (ter) _____ bem, não (despedir) _____ muitos
funcionários.

-No Natal irei ao Brasil!
-Que pena! E eu tenho que trabalhar e não tenho dinheiro suficiente. Se eu (ter)
_____ dinheiro e tempo, _____ (ir) com você.

Estou muito cansado e tenho de terminar esse trabalho. Ah! se eu
(estar) _____ em casa agora , (estar) _____ dormindo.

-Vocês podem me emprestar algum livro de italiano?
Nós não temos. Se nós (ter) _____, nós lhe (emprestar) _____.

-Vamos encomendar uma pizza?
-Não posso, Meu estômago não está bem. Se eu (poder) _____ comer,
(encomendar) _____ com vocês.

**Complete com o verbo no Presente do Subjuntivo ou Imperfeito do Subjuntivo,
como no exemplo:**

Ex: Eu pedi que ele fizesse seus deveres. (fazer)
Eu peço que ele faça seus deveres. (fazer)

1 - Eu lhe peço que _____ para casa. (ir)
2 - Eu lhe pedi que _____ para casa. (ir)
3 - Ela sempre me pede que eu _____ pontual. (ser)
4 - Semana passada ela pediu que nós _____ pontuais. (ser)
5 - Preciso de alguém que _____ me ajudar. (poder)
6 - Eu precisei de alguém que _____ me ajudar. (poder)
7 - Nunca vi uma pessoa que _____ tantos erros. (cometer)
8 - Espero que ela _____ meu livro. (trazer)
9 - John prefere que seus filhos _____ na Portela. (desfilar)
10 - Mary queria que sua filha _____ medicina. (estudar)
11 - Mary quer que sua filha _____ medicina. (estudar)

UM POUCO SOBRE O BRASIL
Anos Sessenta

A cultura brasileira sofreu profundas transformações na virada dos anos 50 e 60. Nesta época, o presidente da República Juscelino Kubitschek incentivou as artes, ao mesmo tempo em que desenvolveu as estradas de rodagem,e conseqüentemente, apoiou a indústria automobilística, e transferiu a capital do Brasil, que era no Rio de Janeiro, para Brasília, no planalto central de Goiás.

A nova capital foi construída com um moderno projeto arquitetônico de Oscar Niemeyer.

TEMA PARA REDAÇÃO
Se eu fosse professor.
Se eu fosse presidente de um país.

Complete com o **verbo haver**

1 - Ontem _____ uma festa na minha casa.

2 - Na próxima semana, _____ uma festa na casa de Júlia.

3 - Se _____ uma festa na casa de Maria, eu irei.

4 - Se _____ uma festa na casa de Pedro, eu não iria. Ainda bem que não haverá.

5 - Espero que _____ muitas pessoas interessantes nesta festa.

6 - _____ muitos livros na mesa.

7 - _____ muitos seqüestro de embaixadores, na época da ditadura.

8 - Antigamente _____ muita censura e repressão no Brasil.

9 - _____ quanto tempo você mora aqui?

10 - É bom que _____ comida nesta festa.

Troque as sentences para o Imperfeito do Subjuntivo.

1 - Se John vier, ele me ajudará.
   Se John viesse, ele me ajudaria.

2 - Se eu o vir, eu lhe darei o recado.

3 - Se eu tiver dinheiro nas minhas férias, irei ao Japão.

4 - Se eu me sentir melhor, irei a sua casa.

5 - Se eu terminar meu trabalho cedo, irei ao cinema.

6 - Se ela disser a verdade, ele ficará com raiva.

7 - Se você desligar a luz, ficaremos no escuro.

8 - Se ela economizar dinheiro, poderá comprar um apartamento.

9 - Se nós estudarmos bastante, aprenderemos português.

TIVESSE + PARTICÍPIO   TERIA + PARTICÍPIO

Eu não comprei aquele restaurante.
Se eu **tivesse comprado**, **teria feito** ótimo negócio.

Márcia não foi à festa.
Se ela **tivesse ido**, **teria conhecido** André.

Márcia não conheceu André.
Se Márcia **tivesse conhecido** André, Júlia **teria** se **aborrecido**.

Você não chegou mais cedo.
Se você **tivesse chegado** mais cedo, eu **teria tido** tempo de terminar seu trabalho.

Você comprou este carro.
Se você não **tivesse comprado** este carro, eu **teria** lhe **vendido** o meu.

Modifique as sentenças como no exemplo:

Ex. Eu não fui ao cinema.
Se eu **tivesse ido** ao cinema, **teria** me **divertido**.

1 - Ela não comeu nada.

2 - Nós não vimos o filme.

3 - As crianças se comportaram mal.

4 - Você não estudou para o teste.

5 - O Flamengo ganhou o jogo.

6 - Ele não foi eleito presidente do Brasil.

7 - Ela comprou um computador.

8 - Eu não fiz o jantar.

9 - Ela não trouxe meu livro.

10 - Eu não vim de carro.

11 - Ela não disse a verdade.

12 - Ontem nós bebemos muito.

13 - João terminou seu trabalho.

14 - Marcos chegou cedo.

Em breve a família Lake voltará para os Estados Unidos. Eles querem oferecer um jantar de despedida para seus amigos. Mary quer preparar as receitas brasileiras que ela mais gosta.

Para beber:

Batida de Morango
1 caixa pequena de morangos
1 lata de leite condensado
1 ½ lata de vodka (a medida da lata de leite condensado)
1 lata de água (a medida da lata de leite condensado)
Bater tudo no liquidificador.

Salgadinho para servir antes do jantar:

Empadinha de Queijo
2 xícaras de chá de farinha de trigo
150 gramas de margarina
2 gemas
2 colheres (sopa) de óleo
1 colher(chá) de sal

Maneira de fazer
Em uma vasilha, despejar a farinha de trigo e juntar as gemas, a margarina, o óleo e o sal. Amasse bem até não grudar nas mãos.
Estique a massa em forminhas pequenas.

Recheio
1 xícara de queijo parmezon ralado
2 colheres de (sopa) de queijo de Minas amassado (queijo branco)
1 ½ xícara de leite
1 colher (sopa) de manteiga derretida
1 ovo inteiro e mais duas claras
Misture bem os ingredients, e com uma colher coloque o recheio dentro das forminhas que já estão com a massa.
Leve ao forno. Quando o recheio estiver endurecido, retire do forno.

Prato Principal

Frango com Milho Verde
5 peitos de frango
2 tomates
2 cebolas
2 latas de milho
1 lata de creme de leite
 alho, cheiro verde, folhas de louro, pimenta do reino

Maneira de fazer
Tempera-se o peito com sal, pimenta do reino, alho e folhas de louro. Levar ao forno para cozinhar. Depois de cozido, desfia-se em pedaços pequenos.

Faz-se um molho com os tomates e a cebola picadas miúdas, e coloca-se cheiro verde e três colheres de extrato de tomate. Então, coloca-se o frango desfiado neste molho. Abre-se uma lata de milho, tira-se quase toda a água e bata no liquidificador. Coloque o milho no frango e deixe cozinhar uns 15 minutos. Coloque a outra lata de milho sem água, e com os milhos inteiros. Cozinhe por mais dez minutos, até o frango tomar gosto do milho.

Então, acrescente uma lata de creme de leite. Não deixe ferver.

Sirva com arroz.

Arroz Carreteiro

1 kg. carne seca
2 tomates grandes
2 cebolas
2 ½ xícaras de arroz

Coloque a carne seca de molho na água, para tirar um pouco do sal. Jogue esta água fora.

Pica-se em cubinhos a carne seca e frita-se rapidamente, e coloca-se numa panela por uns 20 minutos para cozinhar.

Faz-se um molho bem caprichado com cebola e o tomate picados bem miúdo.

Coloca-se a carne dentro deste molho, e uma colher (sopa) de extrato de tomate, deixando tomar gosto por uns 15 minutos. A seguir, coloca-se o arroz lavado neste molho e completa-se com água até cobrir o arroz. Cozinhar em fogo baixo. Quando estiver quase seco, coloca-se um pouco de azeite de oliva por cima, e termine de cozinhar. Sirva com batatas fritas.

Sobremesa

Pudim de Leite Condensado

1 lata de leite condensado
1 lata de leite (a mesma medida da lata de leite condensado)
3 ovos

Modo de fazer

Bata tudo no liquidificador.

Em uma forma para pudim, coloque açúcar e leve ao fogo para o açúcar derreter e ficar uma calda caramelada. Coloque a mistura dentro da forma, onde está a calda caramelada.

Tampe a forma, e cozinhe em banho-maria até endurecer como pudim. (cerca de 35 minutos)

Agora, escreva uma receita típica do seu país:

_____
_____
_____
_____
_____

Alfabeto Ortografia

A - B - C - D - E - F - G - H - I - J - L - M - N - O - P - Q - R - S - T - U - V - X - Z

- H – Quando no início, não tem som. Ex. homem, hora, hélice, humano, etc.

- No interior da palavra, só é usado em três casos ch, lh, nh
Ex. chave, chá, manhã, amanhã, senhor, mulher, colher, trabalho, etc.

- **SS** tem o som de **s**. Ex. massa, passo, missa, pássaro, etc.
- **S,** no meio, tem o som de **z**. Ex. casa, mesa, peso, etc.

SONS DO X
- Após ditongo, usa-se **x**. Ex. caixa, ameixa, deixa, faixa.
- **X** tem o som de **cs**, no meio e no fim de várias palavras. Ex. anexo, fixo, latex, etc.

- **X** tem o som de **z**, quando ocorre no prefixo ex. - Ex. exame, exemplo, êxito, exercício, etc.

- **X** tem o som de **ss** em aproximar, máximo.
- **X** tem o som de **s** no final de sílaba. Ex. sexto, texto, etc.

Emprega-se a letra **S** nos seguintes casos:
- Adjetivos terminados por **oso/osa**. Ex. cheiroso, famoso, corajoso, etc.

- Terminados em **ês, esa, isa**. Ex. francês, francesa, princesa, poetisa, etc.

- Após ditongo, usa-se **s**. Ex. maisena, coisa, Sousa.

Emprega-se o **X**
- Depois da sílaba inicial **en**, emprega-se o **x**.
 Ex. enxoval, enxada, enxaqueca, etc.

- Depois de **me**, usa-se **x**. Ex. mexicano, mexer, etc.

Uso do **G / J**
Emprega-se o **g**, nas palavras terminadas em **ágio, égio, ígio, ógio, úgio**.
Ex. colégio, relógio

Nos substantivos terminados em **gem**. Ex. coragem, margem, vertigem.

Exceção: pajem, lajem, lambujem

TESTE SEU CONHECIMENTO

Use crase onde for necessário:

Fui a praia.
Comecei a ler o livro.
Sai as pressas.
Dormi a sono solto.

Vamos usar a acentuação correta nas seguintes palavras:

album, possivel, açucar, ultimo, Venus, egoista, frequencia, chapeu,
 ceu, alem, tambem, relampago.

Use j ou g:

cora__em   via__em
mar__em   via__ar
passa__em   __eito
pa__em   verti__em

Expressões Populares

Aborrecimento

Brasil – Estar com os nervos a flor da pele. Estar de saco cheio. Estar farto/a. Não aguentar mais. Levantar com pé esquerdo.
Portugal – Estar com nervos em franja. Estar farto/a. Dormir com os pés de fora.

Admiração

Brasil – Estar embasbacado/a com... Ficar de queixo caído. Ficar boquiaberto com... Ficar surpreso.
Portugal – Ficar de boca aberta. Estar bonzado/a.

Aflição

Brasil – Estar em apuros. Estar com a corda no pescoço. Estar perdido. Estar desesperado.
Portugal – Estar em apuros. Estar desesperado. Estar aflito.

Bebedeira

Brasil - Estar de porre. Estar bêbado como uma porta.
Portugal – Estar com grande pifo. Estar bêbado. Estar borracho.

Cansaço

Brasil – Estar pregado. Estar morto de cansado/a.
Portugal – Estar de rastos.

Comer

Brasil – Estar satisfeito. Comer como um porco.
Portugal – Comer como um abade.

Criticar alguém

Brasil – Aquele cara é um atraso de vida.
Portugal – Aquele tipo é uma nódoa.

Desinteresse

Brasil – Fazer tudo nas coxas. Fazer de qualquer jeito. Fazer mal feito.
Portugal – Fazer tudo de qualquer maneira. Fazer as coisas à balda.

Lugar distante

Brasil – Onde Judas perdeu as botas. Lá no cafundó-de-Judas.
Portugal – Atrás do sol posto.

Elogios para pessoas bonitas

Brasil - É uma gata. É um avião. É um gato. É um pedaço de mau caminho.
Portugal – Grande borracho!

Fome

Brasil – Estar faminto. Estar com uma baita fome. Estar morto de fome.
Portugal – Estar cheio de fome. Estar morto de fome.

Trabalho

Brasil – Trabalhar como um burro de carga. Dar um duro danado. Batalhar.
Portugal – Trabalhar que nem um mouro. Trabalhar no duro.

Há ou A

Usa-se **há** quando a frase indicar tempo passado.
Ex. Ele chegou há pouco.

Usa-se **a** quando indicar futuro.
Ex. Daqui a pouco ele vai embora.

Complete com **há** ou **a**:

Isto aconteceu _____ muito tempo.
Irei a Paris daqui _____ 15 dias.
Meu marido viajou _____ uma semana e voltará daqui _____ um mês.
Esperarei sua ligação daqui _____ uma hora.
Daqui _____ uma semana, irei a Portugal.
De hoje _____ uma semana, eles se casarão.
Ela foi embora _____ uma hora.
Vamos embora daqui _____ 15 minutos?

Coloque a opção certa:

1 - Eu conheço o Brasil, _____ você não conhece. (mas ou mais)
2 - A gente _____ ao restaurante. (foi ou fomos)
3 - A gente não _____ resolver. (pode ou podemos)
4 - Nós _____ à praia. (vai ou vamos)
5 - Cinco _____ dois são sete. (mas ou mais)
6 - Ele é _____ de idade. (menor ou de menor)
7 - O cego não _____ . (enxerga ou encherga)
8 - Ele é _____. (orgulhoso ou orgulhozo)
9 - Eu estou _____. (descansada ou descançada)
10 - Eles fizeram uma _____. (viagem ou viajem)
11 - Eu fiquei fora de _____. (mim ou si)
12 - Espero que você _____ pontual. (seje ou seja)
13 - _____ aqui amanhã às oito horas. (esteje ou esteja)
14 - Ele não escuta bem. Ele _____ mal. (houve ou ouve)
15 - Por favor, façam os _____. (ezercícios ou exercícios)
16 - Nós teremos de pagar _____. (pedágio ou pedájio)
17 - Eu estudei, e fui bem nos _____. (exames ou ezames)

Alguns Coletivos

Abelhas - enxame
Advogados - banca
Alunos - turma
Animais - fauna
Artistas teatrais - companhia
Atores - elenco
Aves - bando
Aviões - esquadrilha
Bananas - cachos
Bandidos - quadrilha
Bens - acervo
Borboletas - panapaná
Cartas geográficas - mapas, atlas
Dinheiro - bolada
Discos - discoteca
Estrelas - constelação
Estudantes - caravana
Examinadores - banca
Flores - ramalhete
Fotos - álbum
Gatos - ninhada
Ilhas - arquipélago
Imigrantes - leva
Índios - tribos
Juízes - congresso
Jurados - júri
Ladrões - cambada
Leis - códigos
Livros - biblioteca
Lobos - alcatéia
Médicos - junta
Ministros - congresso
Mosquitos - nuvem
Músicos - banda
Navios - frota
Ônibus - frota
Ouvintes - auditório
Ovelhas - rebanho
Palavras - vocabulário
Papel - resma
Peças musicais - repertório
Peixes - cardume
Porcos - vara

Professores - congregação
Roupas - vestuário
Sábios - academia
Soldados - batalhão
Uvas - cachos
Vegetais - flora
Verso - estrofe

cachos

constelação

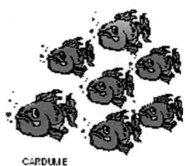

cardume

Regência de alguns verbos:

Aborrecer-se com
Abusar de
Aconselhar
Acusar de
Afastar de
Agradar a
Agradecer a
Ajudar a
Apaixonar-se por
Aproximar-se a, de
Aproveitar-se de
Arrepender-se de
Assistir a
Assustar-se com
Atender a
Ausentar-se de
Bater a, em
Brigar com
Cair em, sobre
Casar-se com
Chegar a
Cheirar a
Chorar por
Combinar com
Começar a, por
Comparar a, com
Concordar com, em
Condenar a
Confiar em, a
Confundir-se com
Consentir em
Conter-se em
Continuar em, com
Contribuir para, com
Crer em
Cumprir com, a
Dar a , em ,com, por
Decidir sobre
Dedicar a
Depender de
Descer de, a
Desconfiar de
Desculpar-se de, com
Discordar de
Disfarçar em
Embriagar-se de, com
Encarar com
Encarregar de
Encher de
Encontrar-se com
Ensinar a
Escapulir de
Espantar-se com, de

fugir de
furtar a
Falar de, em, com, a
ganhar de, a
gostar de
herdar de
Impedir de
induzir a, em
juntar a, com
lembrar-se de
ligar a, com
limpar em, a ,de
lutar com, contra
mergulhar em
morrer de, por
mudar de, mudar-se para
murmurar de
namorar-se de, namorar com
nutrir-se de, com
obedecer a
ocupar-se com, em ,de
opor (se) a
pagar a, de, em
parecer com, a ,de
participar de, em
pensar em
perdoar a
perguntar a, por
pertencer a
prestar a, para
recomendar a
recompensar com
recorrer a
relaxar-se em
rente com, a de
resistir a
retirar-se de, a
rir-se de
rogar por
sair de, com
sarar de
satisfazer a, (se) com
sobreviver a
sonhar com
suspeitar de
tingir de
tirar de
traduzir em, para, de
tratar de
tremer de
trocar por

CAPÍTULO 19

A DESPEDIDA

Já completaram quatro anos que a família Lake mora no Brasil. O contrato do Sr. Lake acabou, e ele terá de voltar para seu trabalho em Dallas.

Júlia não se conforma, pois está namorando André, e eles estão muito apaixonados. André promete que irá visitá-la assim que terminar a universidade, e quando conseguir um emprego, eles se casarão. Daniel também tem uma namorada, a Simone, e gosta muito dela. No verão, eles vão muito à praia, e ele já se acostumou com a vida descontraída dos brasileiros. Ele gosta de jogar futebol na praia, e está se questionando como fará tudo isso em Dallas.

Mary Lake fez muitas amizades e sente ter de deixá-las. Vai sentir falta das caminhadas no calçadão da Praia de Ipanema, com suas amigas da turma de ginástica de academia, dos jogos de futebol no Maracanã, de tomar água de coco, e de muitas coisas mais.

O Sr. Lake também sentirá muitas saudades da maneira de ser dos brasileiros, ainda mais que já pegou todo o jeito. Aprendeu a dar um jeitinho em tudo, até vai à praia todos os dias pegar um bronzeado e não se preocupa tanto com o trabalho.

Sua esposa é que está com receio que haja problemas em seu trabalho em Dallas, por causa disso.

O aeroporto está cheio de amigos para se despedirem deles. Júlia chora muito, abraçada com André. Daniel tem os olhos cheios de lágrimas, mas se controla.

Muito tristes, o Sr. e a Sra. Lake se despedem de todos.

A família Lake, antes de entrar no avião, agradece a todos os leitores, que acompanharam a sua estadia no Brasil, e espera que todos vocês tenham aprendido muito com este livro, a língua portuguesa e a maneira de ser do povo brasileiro.

A família Lake agradece a atenção de todos vocês, e deseja uma boa viagem para o Brasil, Portugal, Angola ou outro país que fale o português, e todos aqueles que estão aprendendo português com a finalidade de fazer turismo ou contatos profissionais.

O que acontecerá com a família Lake?
Como será o emprego do Sr. Lake em Dallas?
Júlia se casará com André? Ou o esquecerá muito rápido?
E Daniel, o que fará?

Agora use a sua imaginação e termine essa estória.

Revisão
Faça como no exemplo:

1 - Todos os dias eu bebo água.
   Amanhã eu vou beber água. / Amanhã eu beberei água.
   Ontem eu bebi água.

2 - Ela sempre faz ginástica.
   Ontem
   Amanhã

3 - Todos os dias ela ouve música.
   Ontem
   Amanhã

4 - Todos os dias eu trago meu livro para a escola.
   Ontem
   Amanhã

5 - Ele sempre tem uma reunião.
   Ontem
   Amanhã

6 - Quase todos os dias você vem aqui.
   Ontem
   Amanhã

7 - Todos os dias eu venho aqui também.
   Ontem
   Amanhã

8 - Todos os anos eu viajo para o Brasil.
   Ano passado
   No próximo ano

9 - Eu tenho uma casa grande.
   Eu já
   Daqui a dois anos

10 - Ele sempre diz a verdade.
   Semana passada
   Amanhã

11-Eles viajam para a Itália.
   Mês passado
   No próximo mês

COMPLETE COM O IMPERFEITO DO INDICATIVO:

1 - Quando eu _____ (ser) criança, eu _____ (gostar) de leite.
2 - Antigamente, ela _____ (viajar) muito.
3 - Nós _____ (ter) muitos amigos.
4 - Antigamente eles _____ (morar) aqui perto.
5 - Quando nós _____ (ser) crianças, nós _____ (ir) à praia juntos.
6 - Quando você _____ (estar) na universidade, o que você _____ (fazer) ?
7 - Você _____ (fazer) algum esporte na universidade?
8 - Quem _____ (ser) seu namorado quando você _____ (estar) na universidade?
9 - Você _____ (trabalhar) aqui no ano passado?
10 - Quando eles _____ (ir) a Las Vegas, sempre _____(perder) muito dinheiro.
11 - Antigamente eu _____ (beber) muito vinho.
12 - Antigamente nós _____ aula de Português todos os dias. (ter)
13 - Naquela época, eles _____ (comer) muito queijo.
14 - Quando nós _____ (ser) criança, eu _____ (gostar de) nadar.
     Nós _____ (ir) para um lago, e _____ (jogar) bola, e as
     meninas _____ (brincar) com bonecas.

COMPLETE COM O MAIS-QUE-PERFEITO COMPOSTO:

1 - Quando você chegou, eu já _____ _____. (chegar)
2 - Quando João comprou seu apartamento, Carlos já _____ _____ (viajar) para Cuba.
3 - No avião, quando André acordou, a aeromoça já _____ _____ (servir) o café da manhã.
4 - Daniel já _____ _____ (ir) a Ouro Preto, quando seus pais foram lá.
5 - Ontem, quando Júlia chegou na faculdade, a aula já _____ _____ . (começar)

Forme sentenças no Futuro do Subjuntivo, como no exemplo:

Ex. Júlia / vir / conhecer
     Se Júlia vier aqui amanhã, conhecerá André.
1 - Daniel / comprar / viajar
2 - João / ir / levar
3 - Maria / ir / perder
4 - Eles / ter / chamar
5 - Nós / pôr / ficar
6 - Ela/ fazer / ficar
7 - André / beber / ter
8 - Eles / dar / dar
9 - Eu / trazer / emprestar
10 - Simone/conhecer/ Daniel.

Complete:

1 - Eu sempre _____ uma caipirinha naquele bar. **(pedir)**

2 - Você nunca _____ nada para mim. **(pedir)**

3 - Eu sempre _____ música antes de dormir. **(ouvir)**

4 - Ela também _____ música antes de dormir. **(ouvir)**

5 - Eu sempre _____ de tudo que acontece no mundo. **(saber)**

6 - Ele nunca _____ o que está acontecendo no mundo. **(saber)**

7 - Você _____ o que aconteceu com a Inês na semana passada? **(saber)**

8 - Eu preciso ir ao dentista agora. Você _____ ir comigo. **(poder)**

9 - Ontem ela não _____ ir à praia. **(poder)**

10 - Semana passada nós não _____ trabalhar. **(poder)**

11 - Eu sempre _____ de carro para o trabalho. **(vir)**

12 - Ontem, meu carro enguiçou, então eu _____ de ônibus. **(vir)**

13 - Como você _____ todos os dias para cá? **(vir)**

14 - Ontem, como você _____ ? **(vir)**

15 - Nós sempre _____ nossos carros na garagem. **(pôr)**

16 - Normalmente, onde você _____ seu carro? **(pôr)**

17 - Eu não acho as chaves. Onde vocês as _____? **(pôr)**

18 - Geralmente, você _____ tempo para fazer ginástica?**(ter)**

19 - Eu sempre _____ **(ter)** muito tempo, mas ontem eu não _____. **(ter)**

20 - Eu sempre _____ ginástica. **(fazer)**

21 - Geralmente, ela _____ ginástica. **(fazer)**

22 - Ontem, nós não _____ ginástica. **(fazer)**

23 - Ela _____ um bolo delicioso semana passada. **(fazer)**

24 - Para a festa, eu _____ os salgadinhos, e eles _____ os doces. Ficaram ótimos. Pena que você não foi. **(fazer - fazer)**

25 - Simone viajou para o México, e me _____ um bonito presente. **(trazer)**

26 - Rosana e Ricardo foram à Suíça e _____ um relógio cuco. **(trazer)**

27 - O que você geralmente _____ aos seus filhos no Natal? **(dar)**

28 - O que você lhes _____ no último Natal? **(dar)**

29 - Eu _____ um carro aos meus filhos no último Natal. **(dar)**

30 - Amanhã, quem _____ no escritório às 6h da manhã? **(estar)**

31 - Eu não _____ aqui ontem. **(estar)**

32 - Você _____? **(estar)**

33 - Eu sempre _____ meus amigos. **(ver)**

34 - Ontem, eu não _____ ninguém. **(ver)**

35 - Você me _____ semana passada? **(ver)**

36 - Geralmente, você _____ de escada ou de elevador? **(subir)**

37 - Eu sempre _____ de elevador. **(subir)**

38 - Este computador _____ nesta caixa? **(caber)**

39 - Ela sempre _____ muito. **(mentir)**

40 - Eu nunca _____ . **(mentir)**

41 - Amanhã, ela _____ a verdade. **(dizer)**

42 - Você sempre _____ a verdade? **(dizer)**

43 - Eu nunca _____ a verdade. **(dizer)**

44 - O que você _____ ontem para Marcus. **(dizer)**

COMPLETE COM O TEMPO ADEQUADO:

1 - Espero que você _____ (ir) ao Brasil, no próximo mês.

2 - Por favor, _____ (pôr) estes livros na mesa.

3 - Se você _____ (ir) ao Brasil, compre-me um cristal.

4 - Se eles _____ (vir) aqui amanhã, farei um jantar.

5 - Se _____ (fazer) sol amanhã, irei à praia.

6 - Se você _____ (trazer) pão, eu prepararei um chá ou um café.

7 - Se você _____ (ser) jornalista, poderia trabalhar na Europa.

8 - Se você _____ (ser) artista, seria conhecida.

9 - Se nós _____ (ter) dinheiro, iríamos ao Japão.

10 - Se meu cachorro _____ (ficar) quieto, poderia deixá-lo dentro de casa.

11 - Se esta fruta _____ (estar) madura, eu a comeria.

12 - Meu time joga hoje. Se ele _____ (ganhar), ficarei muito feliz.

COMPLETE COMO NO EXEMPLO:

Ex: Comprarei está casa, custe o que custar. (custar)

1 - Gostamos muito deste carro. Nós o compraremos _____ o que _____.
(custar)

2 - Talvez eu perca meu trabalho. Mas viajarei para o Brasil, _____ o que
_____. (acontecer)

3 - Eu não estou para ninguém, _____ quem _____. (ser)

4 - O presidente despedirá todos que não vierem ao trabalho amanhã, _____
quem _____. (ser)

5 - _____ o que _____ na companhia, eles não querem despedir muitas
pessoas. (haver)

6 - Amanhã, eu farei a apresentação, _____ quem _____. (vir)

7 - Todos podem entrar neste restaurante, _____ quem _____. (ser)

8 - Muitas coisas estão para acontecer no meu casamento. Mas _____ o que
_____ , serei forte. (acontecer)

Abreviaturas Comuns

Kg = quilograma

g = grama

mg = miligrama

Km = quilômetro

m = metro

cm = centímetro

mm = milímetro

l = litro

Kv = quilovolt

Kw = kilowalt

h = hora

min = minuto

OK = certo, isso mesmo

Sr. = senhor

Sra = senhora

Srta = senhorita

Cia = Companhia

EUA / USA = Estados Unidos da América

JC = Jesus Cristo

R = rua

IR = Imposto de Renda

WC = banheiro

SOS = pedido de socorro urgente

Escreva em Português as seguintes palavras, procurando no dicionário:

Application -

Trade -

Asset -

Inherit -

Target -

Interest -

File -

Trade mark -

Issue -

Lawsuit -

Sue -

Budget -

Court -

Bankruptcy -

Beneficiary -

Trial -

Estimate -

Debt -

Treasurer -

Wealth -

Pursue -

Hire (worker) -

Heir -

Lose -

Profit -

Disclosure -

JOGO 3

Divida a turma em dois grupos, e o grupo que responder primeiro ganhará um ponto:

1) Como se chama o período que você não trabalha? Você pode viajar ou não. No Brasil este período é de um mês a cada ano.

2) Como se diz em português o período entre meia-noite e cinco da manhã?

3) O que você encontra em um dicionário?

4) Você faz um negócio e perde dinheiro. Você tem um_____.

5) Onde você vai para pegar um livro emprestado?

6) Quando você viaja e não tem um carro, o que você precisa fazer?

7) O que a galinha põe e nós comemos?

8) Quando você faz a cama, você põe a colcha em cima do _____ .

9) Qual o animal que dá leite e faz moooooooooo?

10) O que você usa para cortar carne?

11) Qual o oposto de público?

12) Com o quê as crianças brincam?

13) Uma pessoa que escreve um livro é um _____.

14) O que as pessoas costumavam ouvir antes da invenção da televisão?

15) Qual o nome do número que representa nada?

16) Uma pessoa morta que aparece para você é um _____.

17) Qual o verbo que significa "eu penso "?

18) Onde as pessoas dormem?

19) Com que você toma sopa?

20) Com que você come uma salada?

21) Quem não escuta é_____.

22) Qual o mês que se comemora a Independência do Brasil?

23) Uma pessoa que está sempre falando da vida dos outros é um _____.

DIVIRTA-SE

P	A	S	S	A	P	O	R	T	E	Q	C
A	V	I	Ã	O	N	H	R	R	C	N	Ç
D	V	M	A	L	A	S	A	A	A	F	K
I	E	J	A	N	T	A	R	M	D	R	S
N	Ç	J	U	L	X	Q	F	D	E	A	Z
H	V	R	P	E	Q	R	A	R	I	C	T
E		I	Z	A	A	U	P	L	R	R	O
O											
I	S	V	S	S	L	Q	V	B	A	R	T
R	T	G	S	N	B	M	R	O	P	T	O
O	O	X	A	A	Q	U	S	A	T	R	L
C	R	L	G	G	O	F	Q	T	B	I	I
N	G	J	E	E	A	D	E	L	R	M	P
A	E	R	M	M	O	Ç	A	E	S	R	E

PASSAPORTE
AVIÃO
MALAS
JANTAR
PASSAGEM
MOÇA
CADEIRA
PILOTO
TROCAR
EMBARQUE
DINHEIRO
VISTO

Forme sentenças com as figuras acima, usando os verbos no Futuro do Subjuntivo e passe as mesmas frases para o Imperfeito do Subjuntivo como no exemplo abaixo.

Se tiver um tornado perto de minha casa, eu me esconderei embaixo da cama.

 Se o tornado estivesse perto de minha casa, eu me esconderia embaixo da cama.

Dicionário de Viagem

Uma passagem para ....
(A ticket to ....)

Eu gostaria de fazer uma reserva.
(I'd like to make a reservation)

Fumante ou não fumante?
(smoking or no smoking ?)

Na janela, por favor.
(in the window, please)

Eu queria confirmar o meu vôo.
(I want to confirm my flight)

No hotel:

Eu tenho uma reserva.
(I have a reservation)

Posso ver o quarto, por favor?
(May I see the room, please?)

Está incluído o café da manhã?
(Does that include breakfast)

Posso pagar com cartão de crédito?
(Can I pay by credit card?)

Eu gostaria de ficar mais uma noite.
(I would like to stay another night.)

No telefone:
Posso usar seu telefone?
(Can I use your phone?)

Por favor, posso falar com Mariza?
Please, could I speak to Mariza?

A Mariza está?
(Is Mariza there?)

Posso deixar recado?
(Can I leave a message?)

Pode repetir bem devagar?
(Could you repeat very slowly?)

Desculpe-me, é engano. (no telefone)
(Sorry, I've got the wrong number)

Perguntas comuns:

Por favor, onde fica o hotel?
(Please, where is the hotel?)

A conta, por favor.
(The bill, please.)

Quanto custa?
(How much is this?)

Muito prazer!
(Nice to meet you!)

Obrigada/o
(Thanks)

Por favor.
(Please)

Espere por mim.
(Wait for me)

Até logo.
(Goodbye)

Este ônibus passa por Copacabana?
(This bus goes by Copacabana?)

No táxi

Por favor, eu quero ir para a Av. Atlântica.
(Please, I want to go to Av. Atlântica.)

Expressões:

Opa! (interjeição)   - (Oops)
Você está bonita/o.   - (You look good. / You look great)
Você tem certeza?   - (Are you sure?)
Você tem razão.   - (You are right).
Consegui.   - (I got it./ I did it.)
Ele está se saindo bem.   - (He's doing all right.)
Ele/ela é muito simpático./ É muito legal. - (He/she is very nice.)
Ela é uma gracinha.   - (She is cute)
Ele é um gostosão.   - (He is a hunk. / He is hot.)
Vamos manter contato.   - (Let's keep in touch.)
Boa idéia./É uma boa.   - (Good idea./ Sounds good.)
Ele é uma figura.   - (He is a real character.)
Ele é um chato.   - (He is a pain.)
Ele é uma criança mimada. -(He's a spoiled child.)
Acho que sim.   - (I think so.)
Eu acho que não.   - (I don't think so. / I am not sure.)
Me dá uma carona?   - (Can you give me a ride?)
Tenha cuidado.   - (Be careful.)
Cuidado!   - (Watch out! / be careful!)
Como é que se escreve?- (How do you spell it?)
Eu pratico português, dia sim dia não - (I practice portuguese every other day)
A culpa foi minha.   - (It was my fault.)
Eu estava só brincando.   - (I was just kidding./ I was joking.)
Não me arrependo.   - (I don't regret it. / I am not sorry.)
Eu me machuquei.   - (I hurt myself.)
Não sobrou nada.   - (There's nothing left.)
Na maioria das vezes.   - (Most of the times.)
Isto não funciona.   - (It doesn't work.)
O que há contigo?   - (What's the matter with you?)
Estou morrendo de fome.- (I am starving.)
Sirva-se   - (Help yourself! / Be my guest.)
Fique a vontade.   - (Make yourself at home.)
Você está se divertindo   - (Are you having a good time?)
De que você está reclamando? - (What are you complaining about?)
Isto não faz sentido.   - (It doesn't make any sense.)
Isso não é da sua conta. - (This is none of your business. / This doesn't concern you.)
Não acho graça nisso.   - (I don't think that's funny.)
Isto não é justo.   - (That's not fair.)
Bem feito!   - (You asked for it)

ACHE:

3 frutas
3 meses do ano
1 metal
1 vegetal
3 países
3 animais
2 órgãos do corpo humano

```
G F L A R A N J A A E O
F I T R I M J U L H O A
E F I G A D O N J N R L
R I G E J N L H O A B F
R T R N A C E O A M M A
O G E T O O Ã I V E E C
S O G I F U O Q P L V E
U V A N I V A C A A O P
A C D A I C H I N A N B
```

CARMEM MIRANDA

Maria do Carmo Miranda da Cunha nasceu em Portugal no dia 9 de fevereiro de 1909. Mudou-se com sua família para o Rio de Janeiro e iniciou sua carreira ainda criança, como cantora numa rádio.

A partir de 1936, começou seu grande sucesso, após apresentar-se pela primeira vez vestida de baiana, interpretando a música "O que que a baiana tem?" de Dorival Caymmi.

Gravou várias músicas, entre elas "Na baixa do Sapateiro", do compositor Ari Barroso, e foi no Cassino da Urca, do Rio de Janeiro, que adotou seu estilo próprio de cantar com muito trejeito e gesticulação. Essa ficou sendo sua marca registrada.

Foi para os Estados Unidos em 1939, e na década de 1940 já era bem conhecida pelo apelido de "Brazilian bombshell". Carmem Miranda estreou na Broadway participando da revista musical "Streets of Paris", e atuou em mais de 19 filmes, dentre os que mais se destacaram estão: "Down Argentina Way", "That night in Rio", "Springtime in the Rockies", "Weekend in Havana", "Greenwich Village", e "Copacabana".

Carmem Miranda faleceu em Hollywood, em 5 de agosto de 1955.

Vocabulário:

Carreira - (career)
Interpretar - (to interpret, to play, to performer)
Gesticulação - (gesture, gesticulation)
Trejeito - (gesture)
Destacar - (to stand out, to be outstanding)

Responda

1 - Onde Carmem Miranda nasceu?

2 - Em que data?

3 - Para onde ela mudou-se com sua família?

4 - Qual a carreira que ela escolheu?

5 - O que aconteceu em 1936?

6 - Onde ela adotou seu novo estilo de cantar com gesticulação?

7 - Para onde foi em 1939?

8 - Como ela era conhecida na década de 40?

9 - Onde ela estreou participando da revista musical "Street of Paris"?

10 - Quais os filmes de maior destaque que ela participou?

11 - Onde e quando ela morreu?

Redação: Escrever sobre um artista famoso do seu país.

Povos Indígenas

Os colonizadores quando chegaram ao Brasil, não deixaram que os índios continuassem a sua própria cultura, impondo a cultura dos brancos e transformando-os em escravos. A colonização básica do Brasil foi portuguesa, mas, em diferentes épocas e em pequenas regiões, o país contou com a colonização de espanhóis, franceses e holandeses. Assim, a cultura branca explorou os povos indígenas e a matéria prima brasileira: pau Brasil, ouro e pedras preciosas.

Hoje em dia, os brancos continuam fazendo a mesma coisa, só que de maneira diferente.

No Brasil havia cerca de 4 milhões de indígenas, na época da conquista. Hoje em dia, menos de 150 mil. Foram destruídos através das epidemias, fomes, guerras, trabalho forçado. Cerca de 30 mil índios perderam suas aldeias e cultura, vivendo hoje nas cidades ou perto das capitais.

O médico indígena é o Pajé. Ele usa muitos vegetais para curar as doenças, e é um tipo de feiticeiro.

Os índios viviam da caça, da pesca e do cultivo da mandioca. Caçar e pescar eram tarefas específicas dos homens. As mulheres cuidavam da alimentação, da preparação da farinha da mandioca e das crianças. Os índios conhecem bem os hábitos dos animais e os segredos da natureza. Também praticam a agricultura nas terras florestais, e quando a terra está gasta, eles se mudam de lugar e só voltam quando ela se recupera para fazer brotar o plantio naturalmente.

O chefe indígena é indicado pela posição do cocar. Hoje em dia, existem representantes dos povos indígenas defendendo sua cultura quase em extinsão.

Vocabulário :

Colonizadores	(colonist)
Escravizar	(to enslave)
Destruir	(to destroy)
Epidemia	(epidemic)
Fome	(hunger)
Guerra	(war)
Doenças	(illness)
Caça	(to hunt)
Pesca	(fishing)

Responda:

1 - Quando os colonizadores chegaram ao Brasil, como eles agiram com os índios?
2 - Quantos índios havia no Brasil na época do descobrimento?
3 - E hoje em dia?
4 - Qual a razão?
5 - Quem é o médico dos índios?
6 - Como o Pajé cura os doentes?

Getúlio Vargas

Nasceu no dia 19 de abril de 1883 em São Borja, no Rio Grande do Sul. Descendente de uma família gaúcha, Getúlio entrou para a carreira militar e mais tarde, decidiu estudar direito. Sua carreira política teve início quando foi eleito deputado estadual, e mais tarde deputado federal pelo Rio Grande do Sul.

No governo de Washington Luís, foi escolhido para assumir o Ministério da Fazenda, e mais adiante, apoiado pela "Aliança Liberal", Getúlio Vargas se candidatou à Presidência da República, sendo derrotado nas eleições de 1930.

Em 1934, foi eleito indiretamente, presidente da República.

Em novembro de 1937, Vargas criou o Estado Novo, caracterizado como uma ditadura, e durante esse período foram tomadas medidas visando a criação de leis trabalhistas, do salário mínimo e de garantias no emprego. Na Segunda Guerra Mundial, Vargas enviou tropas brasileiras para lutar ao lado dos aliados, embora no início tenha flertado com os alemães. A vitória das nações democráticas comprometeu o regime de Vargas, que acabou derrubado em 1945.

Em 1950 voltou ao poder, sendo eleito pelo voto direto à presidência da República. O país estava passando por dificuldades, e Vargas tentou defender uma política nacionalista voltada para as riquezas do país e com menos dependência do capital estrangeiro. Fundou a Petrobrás, uma empresa de capital misto cujas ações estariam sob o controle do Estado. Este projeto de lei foi enviado ao congresso em 1951, e finalmente em 3 de outubro de 1953 a lei foi sancionada.

Seus adversários políticos não estavam satisfeitos com outras decisões tomadas por ele, e exigiram o seu afastamento do governo. Politicamente enfraquecido, Getúlio Vargas perdeu o controle da situação, suicidando-se em 24 de agosto de 1954.

Vocabulário:
Carreira   (career)
Deputado   (representative)
Ditadura   (dictatorship)
Tropas   (troops)
Adversário (adversary)

Responda:
1 - Onde e quando nasceu Getúlio Vargas?
2 - Como começou sua carreira política?
3 - No governo de Washington Luís, para que cargo foi ele escolhido?
4 - Quando ele foi eleito presidente do Brasil?
5 - Ele foi eleito por eleições diretas ou indiretas?
6 - O que Vargas criou em 1937?
7 - O que aconteceu em 1945?
8 - O que aconteceu em 1950?
9 - Qual o projeto que tinha em 1951?
10 - Quando foi aprovada esta lei?
11 - O que seus adversários políticos exigiram que ele fizesse?
12 - Quando Vargas morreu e como?

Redação: Um Presidente que marcou o seu país.

A Favela da Rocinha

O que é uma favela? É um lugar muito pobre, sem recursos, sem dinheiro, onde as pessoas se unem para tentar construir suas vidas. A arquitetura das favelas era feita inicialmente com restos de madeira e material de sucata, mas hoje em dia, o maior índice de construção é de alvenaria.

Dizem que a favela da Rocinha começou com o comércio de uma pequena produção de gêneros alimentícios que eram vendidos nos bairros do Leblon e S. Conrado. O grande crescimento populacional e o intenso comércio que se desenvolveu na extensa área levou essa favela à condição de bairro, em 1992. De lá para cá, a Rocinha sofreu grandes modificações.

O tráfico de drogas domina boa parte das favelas do Rio de Janeiro, mas a Rocinha tem um bom nível de população consciente, e a associação de moradores tem presença marcante na política de bairros. Assistentes sociais iniciaram grupos de desenvolvimento e orientação, e hoje saem de lá jovens bailarinos e uma moda desenhada e fabricada por eles. Essa *griffe* desfila nas melhores passarelas da moda nacional e européia.

Com uma população que já atingiu mais de 75 mil habitantes, em 2001, a Rocinha possui uma vida comercial e social muito intensa, além de contar com uma escola de samba, supermercados, escolas, casa de shows, bares, lojas, bancos, bancas de jornal, etc.

Vocabulário:

madeira	(wood)
sucata	(scrap metal)
alvenaria	(brick, masonry)
além de	(besides)

Redação: Como é a pobreza no seu país.

_____
_____
_____
_____
_____
_____
_____
_____

Esporte – Futebol

Pelé

Edson Arantes do Nascimento, conhecido mundialmente como Pelé, nasceu em 23 de agosto de 1940 na cidade de Três Corações, em Minas Gerais. Ainda criança, Pelé se mudou com sua família para o interior de São Paulo. Seu primeiro trabalho foi de engraxate, mas ele sonhava com o futebol. Depois de jogar em algumas equipes amadoras, aos 11 anos de idade seu talento foi descoberto por Waldemar, um antigo jogador da seleção brasileira. Pelé foi convidado para participar de um time que ele estava montando.

Quando estava com quinze anos, Pelé foi levado por Waldemar para fazer um teste em um time profissional: o Santos Futebol Clube. Seu primeiro show de bola foi em 1956, quando substituiu um centroavante. Na temporada seguinte, Pelé foi o artilheiro do Campeonato Paulista com 32 gols.

Na Copa do Mundo de 1958, aos 17 anos de idade, o mundo conheceu a Pérola Negra, como ficou sendo conhecido, impressionando a todos por sua velocidade em campo. Pelé participou de quatro Copas do Mundo: Suécia (1958), Chile (1962), Inglaterra (1966) e México (1970). Na Copa do Chile, em 1962, Pelé sofreu uma distensão muscular quando jogava contra a Tchcoslováquia, e esta Copa passou a ser a de Mané Garrincha.

Quando foi para os Estados Unidos jogar pelo New York Cosmos, Pelé levou muitas pessoas aos estádios, e ainda hoje é considerado um ídolo para o futebol.

Mané Garrincha

Manoel dos Santos, apelidado Mané Garrincha, foi considerado o segundo melhor jogador brasileiro de todos os tempos.

Garrincha nasceu numa família muito pobre de quinze irmãos. Nasceu no interior do Rio de Janeiro, perto de Petrópolis. Lá em Petrópolis, havia uma fábrica onde Garrincha, aos 15 anos começou a trabalhar, como todos os garotos pobres deste lugar. Nesta fábrica, havia um time de futebol chamado "Pau Grande", e ele logo começou a jogar por esse time. Logo, perceberam que ele era um craque, mas como tinha pouca idade, ficaram com medo de expô-lo aos adversários adultos. Ele não teve então permissão para participar do time amador. Inconformado, Garrincha resolveu se inscrever em outro time, mas quando o técnico do Pau Grande viu que poderia deixar escapar uma grande chance, chamou-o de volta.

Garrincha jogava na posição meia direita, e a partir de então, foi colocado para jogar na ponta. Desse momento em diante, ele comandou o time. Com suas pernas tortas, fez muitos gols. Foi então que resolveu tentar a sorte no Rio de Janeiro, nos grandes times como Fluminense, Flamengo e Vasco, mas nenhum deles lhe deu chance. Quando o viam com aquelas pernas tortas, não acreditavam que ele pudesse jogar bem. Desanimado, Garrincha desistiu de jogar na capital e voltou para " Pau Grande".

Um dia, apareceu um homem, que se identificou como Orlando, e pertencia ao Botafogo. Pediu muito que ele fosse fazer um teste para o time. Mané não queria aceitar, mas o homem insistiu muito. Então, por insistência de seu técnico, ele compareceu ao teste no dia e hora marcada.

Todos ficaram abismados com sua capacidade de jogar, e o contrato foi imediato, embora Orlando não tenha comparecido ao teste e sua identidade permaneceu para sempre misteriosa.

Foi assim que começou a carreira de Garrincha.

Vocabulário

Time   (team)

Craque (expert)

Placar (scoreboard)

Desistiu (desistir – to give up)

Desanimado (discouraged, disheartened)

Abismado   (astonished)

Embora   (though, although, even so)

Responda:

1 - Qual foi o primeiro trabalho de Pelé?

2 - Com que ele sonhava?

3 - Que idade Pelé tinha quando seu talento foi descoberto?

4 - Que idade Pelé tinha quando fez o teste para um time profissional?

5 - Qual foi o primeiro trabalho de Garrincha?

6 - Qual foi o primeiro time que Garrincha jogou?

7 - Por que Garrincha ficou desanimado de jogar na capital?

8 - Quem era o homem que pediu muito para Garrincha fazer um teste no Botafogo?

9 - O que Pelé e Garrincha têm em comum?

Redação: Escreva sobre um jogador de seu país.

_____
_____
_____
_____
_____
_____
_____
_____
_____
_____

LAMPIÃO

Virgulino Ferreira da Silva, chamado Lampião, nasceu em 7 de julho de 1897, no sertão de Pernambuco. De 1917 a 1920, no sertão do Nordeste brasileiro, começaram as brigas entre famílias vizinhas por causa de terra e de gado. Sua vida começou a mudar quando seu pai foi assassinado. Lampião inicia sua busca de vingança e torna-se o grande bandoleiro, criando o mito de justiceiro com pleno domínio dos sertões.

Ele era muito impulsivo, e dependendo das circunstâncias ou do humor momentâneo, às vezes, Lampião perdoava suas vítimas, e desaparecia embrenhando-se pelas caatingas onde conseguia escapar da polícia com seu bando.

Ele e seu bando chegavam a um local cantando. Se o povo negasse o que pedia, ele matava, estrupava, incendiava, etc. Mas quando atendiam seu pedido, organizava festas, destribuía esmolas aos necessitados.

Era grande admirador do milagreiro Padre Cícero, em Juazeiro. Nunca assaltava as casas com imagens do santo nem pessoas que usassem sua medalha. E quando Padre Cícero faleceu, obrigou a todos que encontrava a usar luto.

Em 1930, as mulheres começaram a entrar no bando, e Maria Déia, Maria Bonita, se tormou a grande companheira de Lampião.'Ela o conheceu em 1929 e deixou seu marido para seguir com ele, em 1930. Após 18 anos, no dia 28 de julho de 1938, traído por Pedro Candido, um de seus homens, Lampião, Maria Bonita e mais nove de seus companheiros foram mortos, numa emboscada. Eles estavam dormindo quando foram surpreendidos em seu esconderijo, e depois de mortos suas cabeças foram cortadas e expostas em praça pública. Mas sua inteligência, astúcia e sagacidade permanecem vivas na mente do povo nordestino, e até hoje Lampião é considerado o Rei do Cangaço.

Lampião deixou uma música, a qual chegava nos locais cantando.

Olê, mulher rendeira
Olê, mulher rendá
Tu me ensinas a fazer renda
Que eu te ensino a namorar

Redação: Um bandido famoso de seu país.

Prova de Amor

Marina Colasanti
"Livro Contos do Amor Rasgado"

"Meu bem, deixe crescer a barba para me agradar" pediu ele.
E ela, num supremo esforço de amor, começou a fiar dentro de si, e a laboriosamente expelir aqueles novos pêlos, que na pele fechada feriam caminho.
Mas quando, afinal, doce barba cobriu-lhe o rosto, e com orgulho expectante entregou sua estranheza àquele homem: "Você não é mais a mesma", disse ele.
E se foi.

Vocabulário

Barba   - pêlos que nascem no rosto
Fiar   - confiar, acreditar
Esforço - força moral ou intelectual para vencer uma dificuldade, força física
Orgulho - sentimento de dignidade
Estranheza - esquisito, diferente, esquisitice

*Marina Colasanti é uma escritora contemporânea da realidade urbana do Rio de Janeiro.

Complete com a forma mais adequada:

1 – Vocês devem, sempre que possível, _____ uma viagem. **(fazer ou fazerem)**
2 – O professor mandou seus alunos _____. **(sair ou saírem)**
3 – As crianças vão todas _____ banho. **(tomar ou tomarem)**
4 – Eu trouxe os presentes para _____ aos velhinhos. **(ser entregue ou serem entregues)**
5 – Eles foram proibidos de _____ . **(sair ou sairem)**
6 – As atrizes foram obrigadas a_____ no teatro. **(Ficar ou ficarem)**
7 – Eles correram muito para _____ os primeiros. **(ser ou serem)**

Turismo Acidental
Zuenir Ventura

Não basta ter o que ver, é preciso ter o que fazer.

Qualquer turista crônico ou acidental sabe o quanto uma viagem, mesmo a belos lugares, pode se tornar monótona e cansativa, se a única obrigação for andar pelos museus e igrejas, e olhar – andar, parar e olhar...e cair numa cadeira até a próxima andada. Depois descobrir que ainda precisa visitar a casa onde nasceu o poeta que você nunca leu, subir com a língua de fora aquele morrinho de onde se avista o que só serve para mais tarde, tornar as lembranças dos seus amigos inúteis: "Mas você não subiu aquele morrinho? Ah! que pena, então você não viu nada".

A maratona cultural faz com que muitas vezes o lugar mais ansiado seja a macia cama do hotel. Haja esnobismo cultural para resistir. O bom mesmo é viver a cidade, participar, se integrar, comer, comprar, ir aos shows e concertos, conversar com os nativos e se sentir um deles, não um alienígena exótico e exausto.

Tiradentes, em Minas, e Passo Fundo, no Rio Grande do Sul, são duas cidades distantes e distintas entre si e que talvez só tenham em comum duas festas culturais: o III Festival de Cultura e Gastronomia e o Festival Internacional de Folclore, que atraem milhares de visitantes. Essas cidades – a primeira com cerca de oito mil habitantes. E a segunda com 200 mil – adotaram com sucesso este moderno conceito de turismo cultural; não basta ter o que ver, é preciso ter o que fazer.

Não conheço o festival de folclore que toma conta das ruas de Passo Fundo, reunindo 18 países e mais de 60 grupos brasileiros. Mas conheço um dos lugares onde eles estão se apresentando para cinco mil pessoas cada noite: o Circo da Cultura.

O resto eram shows de chorinho e de jazz, cachacinha no botequim da Beth, pão de queijo na Fazenda da Mara, visita aos antiquários e lojas de móveis, excursão aos ateliês de mestres do artesanato que herdaram habilidade de seus antepassados coloniais, parada no irresistível Centro Cultural Yves Alves e, claro, visita à matriz de Santo Antonio, essa jóia mineira da idade do ouro.

POR QUE = interrogativa
Por que você não vai?

PORQUE = explicação
Eu não vou porque tenho de visitar minha mãe.

PORQUÊ = uma forma substantivada (antecedida de artigo "o" ou "um")
Quero saber o porquê da sua decisão.

Complete as frases com **Por que, porque**, ou **porquê**

1 - Assinei _____ era um bom contrato.
2 - _____ ainda não assinaram o contrato?
3 - Quero saber _____ não assinaram o contrato.
4 - Não sei o _____ do seu afastamento.
5 - Queremos um _____ para tudo isso.
6 - _____ ela não comprou aquele carro?
7 - Ela não comprou _____ era muito caro.
8 - _____ você não veio aqui ontem ?
9 - Eu não vim _____ estava cansada.

POR = preposição
Vou por esta rua.
PÔR = verbo
Vou pôr a mala no carro
Coloque acento se for necessário:
1 - Vou por as canetas na gaveta.
2 - Ela vai viajar por Portugal.
3 - Alice vai ao Brasil por Miami.
4 - Está frio, vou por meu casaco.
5 - Vamos por este caminho.
6 - Vamos viajar por Israel ou por Cuba?
7 - Eles vão por os móveis nos lugares .
8 - Eu vou por as compras na geladeira

Complete com o verbo pedido:
1 - Ele _____ de bicicleta. (**vir – Presente do Indicativo**)
2 - Eu não_____ você. (**ver – Pretérito Perfeito do Indicativo**)
3 - Eu não _____ à aula ontem.(**vir – Pretérito Perfeito do lindicativo**)
4 - Você_____ a pé? (**vir – Pretérito Perfeito do Indicativo**)
5 - É preciso que você nos _____ mais atenção. (**dar – Presente do Subjuntivo**)
6 - Nas jarras_____ suco de laranja. (**ter– Presente do Indicativo**)
7 - Se você _____ mais, teria melhores notas. (**estudar – Imperfeito do Subjuntivo**)
8 - Quando você _____ à França, irei com você. (**ir – Futuro do Subjuntivo**)
9 - Se ele _____ o dinheiro, pagarei minhas dívidas. (**trazer – Futuro do Subjuntivo**)
10-Tomara que você _____ todas as respostas do teste. (**saber – Presente do Subjuntivo**)
11- Eles não me _____ na festa. (**ver – Pretérito Perfeito do Indicativo**)
12- Eles não _____ à festa. (**vir – Pretérito Perfeito do Indicativo**)
13- É bom que você _____ ao aeroporto levar seu chefe.(**ir – Presente do Subjuntivo**)
14- Ele não _____ aqui ontem. (**vir – Pretérito Perfeito do Indicativo**)
15- A empregada quase _____ o homem nu. (**ver – Pretérito Perfeito**)
16- Se você _____ aqui amanhã, traga-me o filme que te emprestei.(**vir- Futuro do Subjuntivo**)
17- Quem _____ à aula ontem? (**vir - Pretérito Perfeito Indicativo**)
18- Quem _____ aqui ontem? (**estar - Pretérito Perfeito Indicativo**)

Virgem Maria
Roni Lima

O vinho estava delicioso. A maneira elegante de servi-lo, num balde de gelo, dava um ar especial à mesa dos dois. Affonso saboreava cada palavra ao explicar para Pedrito sua posição sobre as favelas do Rio de Janeiro, um assunto vivo em sua mente, como ligação atávica. Menino de classe média suburbana, alguns de seus amigos de infância moravam em favelas perto de sua casa, nos morros do Adeus e da Baiana.

Um convívio, uma experiência ímpar na vida da maioria dos moradores do asfalto da cidade de São Sebastião de Rio de Janeiro, que fugia de favelado como o diabo da cruz. Formada principalmente na cultura irradiada da Zona Sul, a maior parte seguia os mandamentos do figurino mais modernoso dos Estados Unidos, dando mais atenção ao inglês do que ao português e emparedada num círculo estreito e batido, que parecia se resumir a paqueras na praia e visitas aos shoppings, com suas vitrines do supérfluo. Uma juventude paralisada diante da telinha mágica da TV, robotizada por programas coloridos e idiotas, com brincadeiras que se restringiam, em geral, aos playgrounds dos prédios, cercados por grades e seguranças.

Enquanto isso, o pequeno Affonso seguia uma infância inocente, típica de um Rio que quase não existia. Achava o máximo jogar bola de gude, as peladas com amigos na rua, rodar pião, brincar de bandido e polícia, soltar pipa com amigos da rua e das favelas, e fazer cerol com vidro moído. Neste contexto, era natural que a pobreza sempre lhe parecesse um dado a mais da realidade.

Nunca olhara para os pobres com pena cristã, culpa social. Achava que viviam uma realidade feia por si mesma, e pronto. Para ele, a qualidade interior de cada um é que importava, pois as pessoas boas existiam em toda parte, mesmo no mundão da sujeira, do abandono. As ruins também podiam ser encontradas em qualquer lugar.

Na medida em que Affonso crescia e se politizava, ia se conscientizando de sua impotência para transformar o mundo. Isto o deixava algumas vezes até entediado, outras sentia ódio de antigos amigos de infância, entorpecidos pela falta de iniciativa. Uns deserdados, incapazes de se organizar para tentar melhorar suas vidas.

Esse jeito quase blasé de encarar a pobreza deixava Pedrito maravilhado. Com trânsito livre no soçaite carioca, encantava-se com um mundo que conhecia apenas de longe, num misto de curiosidade e preconceito. Atraído pelo desconhecido, sabia que Affonso o ajudaria a adentrar os mistérios dessa diferente realidade social.

"Como é que vamos descrever o dia-a-dia dentro de uma favela?"

A pergunta de Pedrito deu uma idéia a Affonso. De pronto, percebeu que a grande experiência da dupla de repórteres, para além de qualquer discussão mais teórica sobre o assunto, seria passar vários dias pelo menos numa das grandes favelas da Zona Sul. Para vivenciar na carne, o mais próximo possível, o drama social das pessoas e seus momentos de felicidade e amor.

Pedrito adorou a idéia e sugeriu logo a Rocinha, considerada uma das maiores favelas da América Latina e encravada na montanha que divide os valorizados bairros da Gávea e de São Conrado."Sensacional, meu camarada! Quem sabe a gente até não consegue convencer o Ernani a alugar um barraco lá, pra dormir algumas noites?"

(Trecho do livro "Rio Bandido")

Roni Lima é jornalista e escritor carioca. Tem trabalhado com alguns dos maiores nomes da imprensa do país, nas redações do "Jornal do Brasil", da revista "Veja", e da "Folha de S.Paulo"

Vocabulário

Adentrar - entrar, penetrar em um local
Atávica - adquirida
Convívio - viver junto
Favelas - muitos barracos, pobreza, miséria
Irradiada - iluminada
Paqueras - namoro, olhar para outra pessoa pensando em namorar
Vitrines - local de uma loja onde se mostram os produtos

Responda:

1- Com quem Affonso conversava?
2- O que ele explicava para Pedrito?
3- Onde moravam os amigos de infância de Affonso?
4- Como foi a infância de Affonso?
5- Como ele olhava os pobres?
6- Affonso era de classe média ou favelado?
7- Como era a vida da maioria dos moradores da Zona Sul?
8- Com o que Pedrito ficou maravilhado?
9- Qual seria a grande experiência da dupla de repórteres?

Preencha como no exemplo:

Ex. Os dois amigos conversavam (conversar) e saboreavam (saborear) um bom vinho.
Affonso _____ (falar) sobre as favelas no Rio de Janeiro. Ele _____ (ser) de classe média, mas _____ (ter) alguns amigos que _____ (morar) em favelas.
Naquela época os moradores da Zona Sul _____ (fugir) dos favelados.
Affonso _____ (ter) vontade de transformar o mundo. Ele _____ (olhar) os pobres com pena e culpa social, e se _____ (encantar) com o mundo que _____ (conhecer).

Siga o exemplo:

Ex. Affonso telefonou (telefonar) para Pedrito e o convidou (convidar) para sair.
Ontem, os dois amigos _____ (ir) ao bar. Eles _____ (tomar) um bom vinho e _____ (conversar) muito. Affonso _____ (comentar) sobre as favelas no Rio de Janeiro, porque ele _____ (conhecer) muitos favelados quando era criança. Ele _____ (ter) uma infância inocente. _____ (soltar) pipa, _____ (brincar) de polícia e ladrão e _____ (jogar) peladas com os amigos na rua.
Pedrito _____ (achar) muito interessante a infância de Affonso , e _____ - lhe (pedir) que o introduzisse na vida da favela. Affonso lhe _____ (dizer) que arrumaria uma maneira de passarem uns dias lá, para ele ver como era.

Numere a coluna da direita de acordo com a da esquerda:

(1) Convívio
(2) Afrouxar
(3) Espelunca
(4) Providenciar

( ) Local sujo
( ) Tomar providência
( ) Viver junto
( ) Desapertar

Preencha os espaços em branco com:
contanto que, além de, ao invés de apesar de, enquanto

1 - Ela foi ao médico porque estava se sentindo mal. _____ gripe, tinha febre, tosse e pneumonia.

2 - Eu gosto muito de você, _____ tudo que você me fez.

3 - Você pode ir à praia, _____ que não entre na água.

4 - Eu vou tirar férias no verão _____ de tirar no inverno.

5 - Ela é muito bonita. _____ bonita, ela é simpática e educada.

6 - O verão aqui _____ quente, é seco.

7 - Pedro trabalha à noite. Ele dorme de dia _____ dormir à noite.

8 - Você pode sair cedo, _____ que termine o trabalho.

9 - _____ da chuva, ele foi à praia.

10 - _____ você lava o banheiro, eu limpo a cozinha.

11 - _____ eu preparo este relatório, você faz o café.

O que você acha que vai acontecer com Afonso e Pedrito. Eles irão conseguir passar uns dias na favela? Use a sua imaginação.

_____
_____
_____
_____
_____
_____
_____
_____

Amor de Duas às Quatro

Marina Colasanti
"Amor Rasgado"

Sozinha, nas tardes de melancolia, deixava-se abraçar pelas recordações, aos poucos afastando-se daquela sala, para percorrer os corredores do passado, entrando ora numa, ora noutra das inúmeras portas que neles se abriam.

Detinha-se a pensar nos bailes, reconstruindo os bordados de um vestido, as volutes de uma dança. Depois deslizava para um certo passeio de barco sobre o lago, e aquelas tardes de risos nas quermesses.

Entre tantas, a lembrança de que mais gostava era a das matinês do cinema São Luís.

Revia-se de vestido limpo ainda cheirando a ferro de engomar, cabelos úmidos do banho, cochichando com colegas, indo longamente ao banheiro, e sonhando, como todas, com os gêmeos de Laranjeiras.

Eram identicamente lindos os dois irmãos que chegavam sempre sozinhos para a sessão, louros e lisos, como príncipes, subindo as escadarias sob olhares cobiçosos das moças.

Nunca mais os vira depois, nem soubera o que deles havia sido feito.

Mas na penumbra das tardes ainda estremecia com pensamento, e suspirando se perguntava, qual dos dois a teria feito mais feliz, se apenas o amor tivesse sido possível.

Vocabulário

Afastar - ficar distante, separar, distanciar
Cinema São Luíz - Um cinema no Largo do Machado, perto do bairro de Laranjeiras
Cochichar - falar em voz baixa
Corredores - passagem estreita
Deter-se - fazer parar, não continuar, fazer demorar
Penumbra - com pouca luz, um pouco escuro
Quermesse - bazar ou feira com leilão e prendas
Volutes - espiral

Responda:

1- Quando estava sozinha e melancólica, o que fazia?
2- Quais as recordações que tinha?
3- Qual a lembrança que mais gostava?
4- Ela namorou um dos gêmeos?

Complete com a opção mais indicada:

1 - É _____ entrada de estranhos. (proibido ou proibida)
2 - Os grandes sentimentos vêm _____ (juntos ou juntas)
3 - Carla prefere a salada, mas o pudim é ela _____ que faz.(mesmo ou mesma)
4 - É meio-dia e _____ .(meio ou meia)
5 - Vieram _____ pessoas que o esperado. (menos ou menas)
6 - Ele já comeu _____ por hoje. (bastante ou bastantes)
7 - Eu vou ser transferido para o Brasil.
    É. _____ ? (mesmo ou mesma)

Lendas

Lenda não significa mentira nem verdade. Lenda é uma tradição popular escrita ou contada, nas quais os fatos são deformados pela imaginação popular. É uma história para ser criada, defendida e, mais importante, sobreviver na memória das pessoas com o mínimo de fatos verídicos.

Saci Pererê

O mito do Saci é um dos mais difundidos no Brasil. Segundo muitos autores, o Saci seria uma divindade de origem indígena em muitas regiões do Brasil. O Saci é considerado um ser brincalhão, enquanto que em outros lugares ele é visto como um ser maligno.

Não se tem muito conhecimento sobre a origem da aparência do Saci, descrito como um menino negro de uma perna só, com uma carapuça vermelha que lhe dá poderes mágicos, como o de aparecer e desaparecer onde quiser, e fumando cachimbo.

Seu principal divertimento é atrapalhar as pessoas que se perdem nos campos. Ele adora fazer pequenas travessuras como esconder brinquedos, soltar animais dos currais, etc.

Diz a lenda que dentro de todo redemoinho de vento existe um Saci.

A maneira de espantar o Saci é chamá-lo pelo nome.

Vitória Régia

Numa Tribo de índios que viviam às margens do Grande Rio, nos igarapés silenciosos as jovens índias cantavam e sonhavam. As índias ficavam por muitas horas olhando a Lua , e a beleza das estrelas. Contavam que, se a Lua gostasse de uma jovem, a transformaria em uma estrela no céu. Naia, filha de um chefe e princesa da tribo ficou impressionada com a história. Um dia, Naia, subiu na árvore mais alta para ver se tocava a Lua. Como não conseguiu, no dia seguinte, impacientes as índias foram as montanhas distantes para tocarem com as mãos a Lua e as estrelas. Nada conseguiram. Quando lá chegaram, a Lua estava tão distante que voltaram tristonhas para suas malocas. Nas redes, todas ficaram deitadas muito tristes, porque se conseguissem tocar a Lua, ela poderia se apaixonar e transformá-la em uma estrela - com todo o brilho e beleza.

Numa outra noite, Naia deixou sua rede muito tristonha, desiludida porque não tinha conseguido tocar a Lua. Era uma noite de Lua cheia. Lá estava a Lua grande e bela refletida nas águas. Ela então resolveu pedir a Lua para tocá-la, e resolveu atirar-se no rio para tentar tocá-la ao ver o reflexo da Lua no rio, e desapareceu. A Lua ficou com muita pena e resolveu imortalizá-la na Terra, pois era impossível levá-la para seu reino espiritual e transformá-la numa estrela. Transformou-a então numa flor - a vitória-régia.

Complete como no exemplo:

Um carro pequeno é um carrinho.
Um cachorro pequeno é um _____.
Um gato pequeno é um   _____.
Um copo pequeno é um   _____.
Uma mesa pequena é uma   _____.
Uma história curta é uma   _____.
Uma sala pequena é uma   _____.
Uma mala pequena é uma   _____ .
Fazer uma comida com carinho é fazer uma _____.
Um barco pequeno é um   _____.

AO INVÉS DE - ao contrário
Ele entrou à esquerda ao invés da direita.
EM VEZ DE - em lugar de
Foi ao clube em vez de ir à praia.
Mau - é um adjetivo e se opõe a bom.
Ele está de mau Humor. (bom humor)
Mal - Advérbio, oposto de bem.
Ele está trabalhando mal. (trabalhando bem)

Complete com as opções abaixo.

1 - Ele foi à praia _____ ir ao parque. (ao invés de ou em vez de)
2 - Ele subiu _____ descer. (ao invés de ou em vez de)
3 - Apertou o botão vermelho _____ verde. (ao invés de ou em vez de)
4 - Comprou um carro grande _____ um pequeno. (ao invés de ou em vez de)
5 - Ele é um _____ profissional. (mal ou mau)
6 - Ela trabalha _____ . (mau ou mal)
7 - Ele está de _____ humor. (mau ou mal)
8 - Ele foi _____ treinado. (mau ou mal)
9 - Eu estou muito _____ . (mau ou mal)
10 - Eu falo espanhol, mas eu falo muito _____ . (mau ou mal)
11 - Ele viajou para o Sul _____ de ir para o Norte. (ao invés de ou em vez de)
12 - Ele me esperou na esquina da Av. Atlântica _____ de me esperar na esquina da Av. Copacabana. (ao invés de ou em vez de)

IARA

Iara é um ser metade peixe, metade mulher que vive nos rios.

Segundo a lenda, as pessoas, principalmente os homens, eram atraídos pela beleza irresistível de Iara, uma linda índia com cabelos longos e pretos, corpo muito bonito e com um canto e uma voz mágica, cuja melodia atraia as pessoas para o fundo das águas, onde existe o seu reino. Quando ela canta hipnotiza os pescadores. Além de possuir um belo canto, Iara também é muito bela, podendo ao sair da água, assumir a forma humana de uma mulher.

Conte uma lenda do seu país.

_____
_____
_____
_____
_____
_____
_____
_____
_____
_____
_____
_____
_____
_____
_____

A Lenda da Mandioca

Um dia, a filha do Cacique apareceu grávida. Seu pai logo perguntou quem era o pai de seu filho, pois era costume as mulheres terem de se casar virgens. A filha do Cacique afirmou que era virgem, mas o cacique não acreditou nela. Então, ele pensou em matá-la. Ao adormecer, sonhou com um homem branco que lhe falou para não matar sua filha, pois ela estava falando a verdade.

Após os nove meses nasceu uma menina muito bonita, mas que não era igual às outras crianças da tribo, por ser branca, o que causou muito espanto na aldeia e em todas as tribos da região. A pequena menina ganhou o nome de Mani e era muito desenvolvida para sua idade. Com menos de um ano, já andava e falava. Mas não chegou a completar um ano de vida, pois faleceu. Enterraram-na num jardim, e todos os dias os índios da aldeia iam visitá-la e choravam sobre sua sepultura, regando a terra, até que cresceu uma planta que nenhum índio conhecia. Resolveram cavar para ver que planta era aquela.Tiraram-na da terra e ao examinar sua raiz perceberam que após a casca, era branca, igual à índia Mani. Então, logo pensaram que era o corpo de Mani.

O Boto,
O Boto vira um rapaz bonito

Esta lenda é comum na região norte do Brasil.

Nas primeiras horas da noite, principalmente em dias de festas, os botos se transformam em rapazes altos, fortes, bonitos, bem vestidos e encantadores. Sempre a procura de festas e de muitas mulheres bonitas para namorar. Chegando na festa, eles dançam, bebem, paqueram, se comportam como um rapaz normal, e antes do dia amanhecer retornam para os rios, pois o seu encantamento só dura à noite, voltando a ser botos.

O boto também é considerado protetor das mulheres, pois quando ocorre algum naufrágio em uma embarcação em que o boto esteja por perto, ele se preocupa em salvar a vida das pessoas empurrando-as para as margens dos rios.

João de Barro

Contam os índios que, há muito tempo, numa tribo do sul do Brasil, um jovem se apaixonou por uma moça muito bonita.

Jaebé, o moço, foi pedi-la em casamento. O pai da moça perguntou:

"Que provas podes dar de sua coragem para pretender a mão da moça mais bonita da tribo?"

"As provas do meu amor!" – respondeu Jaebé.

O pai gostou da resposta, mas quis uma prova. Então disse:

"O último pretendente de minha filha falou que ficaria cinco dias em jejum e morreu no quarto dia."

"Eu digo que aguentarei nove dias em jejum."

Então o velho ordenou que desse início à prova.

Enrolaram o rapaz num pesado couro de anta e ficaram dia e noite vigiando para que ele não saísse nem fosse alimentado. A jovem apaixonada chorou e implorou à deusa Lua que o mantivesse vivo. O tempo foi passando. Certa manhã, a filha pediu ao pai:

"Já se passaram cinco dias. Não o deixe morrer."

O velho respondeu:

"Ele é arrogante. Falou nas forças do amor. Vamos ver o que acontece."

E esperou até a última hora do novo dia. Então ordenou:

"Vamos ver o que resta do arrogante Jaebé."

Quando abriram o couro da anta, Jaebé saltou ligeiro. Seus olhos brilharam, seu sorriso tinha uma luz mágica. Sua pele estava limpa e cheirava a perfume de amêndoa. Todos se espantaram. E ficaram mais espantados ainda quando o jovem, ao ver sua amada, se pôs a cantar como um pássaro enquanto seu corpo, aos poucos, se transfomava num pássaro.

E exatamente naquele momento, os raios do luar tocaram a jovem apaixonada, que também se transformou num pássaro. E, então, ela saiu voando atrás de Jaebé, que a chamava para a floresta onde desapareceram para sempre.

Contam os índios que foi assim que nasceu o pássaro joão-de-barro.

A prova do grande amor que uniu esses dois jovens está no cuidado com que constróem suas casas e protegem seus filhotes.

Complete com o Futuro do Subjuntivo do verbo indicado:

1 - Quando você_____ (ir) à praia, avise-me.
2 - Se ela _____ (trazer) o disco, eu lhe emprestarei.
3 - Se você _____ (vir) de táxi, eu pagarei.
4 - Se eles _____ (vir) cedo, acabaremos mais cedo.
5 - Quando você _____ (chegar) ao aeroporto, me telefone.
6 - Se você _____ (fazer) sua cama todos os dias, poderá trazer
   seus amigos.
7 - Quando você _____ (pôr) o vinho na mesa, não se esqueça das taças.
8 - Quando você _____ (ter) tempo, poderemos ir ao teatro.
9 - Quando você _____ (poder) viajar, avise-me. Quero ir com você.
10 - Quando ela _____ (saber) o que aconteceu, ficará nervosa.
11 - Quando ele _____ (dar) comida aos animais, sua esposa ficará
   surpresa.

Complete com os verbos **trazer e levar no Presente do Ind.**:

O garçom me _____ o cardápio. Depois que eu escolho o que quero
comer, ele _____ o cardápio. Quinze minutos depois, ele me
_____ a comida. Quando termino de comer, ele _____ os pratos
para a cozinha, e me _____ a conta. Eu lhe dou o dinheiro, e ele
_____ para o caixa. Então, ele me _____ o recibo, e eu deixo a gorjeta
na mesa.

Complete com **ir** e **vir:**

1 - Ontem eu _____ ao cinema.
2 - Ontem você _____ aqui me visitar?
3 - Sim, eu _____ visitar você.
4 - Como você _____ aqui?
5 - Eu _____ de carro.
6 - E depois, como você _____ para o escritório?
7 - Eu _____ para o escritório de carro.
8 - Ontem ele não _____ à praia, porque seu amigo não _____ buscá-lo.

Complete com as preposições indicadas:
por, pelo, pela, para, em, no, na, de, do, da, até, com, desde.

1 - Eu caminho _____ Copacabana.
2 - Ele corre _____ Leme _____ Ipanema.
3 - Nós vamos _____ o Rio de Janeiro, e vamos viajar _____ Brasil.
4 - Ela vai _____ seu marido, e Sandra vai_____ sua filha.
5 - Teresa vai _____ Lisboa. Ela também vai viajar _____ Portugal.
6 - Eu moro nesta casa _____ 1999.
7 - Ela trabalha _____ às 5h.
8 - Eu venho _____ San Francisco.

9   - Ela vem _____ Russia.

10 - O Sr. Lake conheceu muitas cidades _____ Espanha.

11 - _____ quando você trabalha aqui?

12 - Eu trabalho aqui _____ o ano 2004.

13 - Ela envia a carta _____ correio.

14 - Quando ela soma, ela conta _____ dedos.

15 - Eu repito as palavras _____ ordem.

16 - Eu como várias vezes _____ dia.

17 - Eu corro _____ a escola.

18 - Vou assistir este filme _____ o fim.

19 - Eu falo _____ você amanhã.

Complete com os verbos indicados como no exemplo.

Ex: Ela sempre **mente** para mim. (mentir)

1   - Quando ela _____ as escadas, fica muito cansada. (subir)

2   - Eu _____ quando é necessário. (mentir)

3   - Eu sempre _____ saudade de você. (sentir)

4   - Você sempre _____saudade de mim? (sentir)

5   - Júlia sempre se _____ quando dorme. (descobrir)

6   - Mary sempre_____ Júlia à noite. (cobrir)

7   - Os gatos sempre _____ dos cachorros. (fugir)

8   - Eu sempre _____ do frio. (fugir)

9   - Ele _____ dos gatos, porque tem alergia. (fugir)

10 - Você sempre _____ o jantar em sua casa, ou cada um se _____? (servir)

12 - Eu não _____ a garrafa de suco de laranja antes de beber. (sacudir)

13 - Ela não _____ que sua filha mergulhe. (consentir)

14 - Eu sempre _____ cedo. (dormir)

15 - João sempre _____ tarde. (dormir)

16 - Eu nunca _____ o jantar. (servir)

17 - No restaurante, eu sempre _____ uma caipirinha. (pedir)

18 - Eu nunca _____café. (pedir)

19 - Eu sempre _____ música antes de dormir. (ouvir)

20 - E você? _____ música antes de dormir? (ouvir)

21 - Você _____ frio no inverno? (sentir)

22 - Eu não _____ frio. (sentir)

23 - Aquele homem _____ uma lata de suco de laranja. (sacudir)

24 - Eu sempre _____ o que o professor fala. (repetir)

25 - Eu lhe _____ para você vir me visitar. (pedir)

Complete como no exemplo:

1 - Quando eu <u>for</u> (ir) ao Brasil, comprarei uma pedra de cristal.
2 - Quando ele _____ (vir) aqui em casa, farei um jantar delicioso.
3 - Se eles _____ (dizer) a verdade, será difícil de acreditar.
4 - Quando o ministro _____ (apertar) o botãozinho, muitas pessoas
   morrerão.
5 - Amanhã, se você_____(trazer) o filme, poderemos assistir.
6 - Se você _____ (ver) o João, peça para ele me telefonar.
7 - Quando você _____ (poder) vir aqui, venha para jantar.
8 - Se você _____ (pôr) seu carro na garagem, ponha ao lado do meu.
9 - Quando você _____ (ter) tempo, vá ao cinema.
10 - Se você _____ (estar) na casa do João, procure uma caixinha em
   cima da mesa.

Repita como no exemplo:

pouco -pouquinho
caixa -
café -
cachorro -
gato -
erro -
cheiro -
bolso -
mesa -
beijo -
abraço -
corpo -
moça -
rapaz -
pedido -
bom -
comida -
cadeira -
banco -
menino -
carro -
bicho -
cego -
mudo -
doce -
salgado -
amigo -
festa -

Complete

1 - Se eu falasse português fluente, _____.

2 - Se eu fosse solteiro, _____.

3 - Se ela viajasse comigo, _____.

4 - Se nós fôssemos a Suíça, _____.

5 - Se eu tivesse férias agora, _____.

6 - Se eu fosse rica, _____.

7 - Se eu ganhasse na loteria, _____.

8 - Se eu for ao Brasil , _____.

9 - Se fizer sol neste domingo, _____.

10 - Se chover neste domingo, _____.

11 - Se eu trabalhar neste verão, _____.

12 - Se eles forem ao restaurante italiano, _____.

13 - Quando você for ao restaurante árabe, _____.

14 - Se nós fôssemos à praia, _____.

15 - Se nós fôssemos ao cinema, _____.

16 - Se você fizer uma torta de banana, _____.

17 - Quando Carla vier aqui, _____.

18 - Se Pedro viesse aqui, _____.

19 - Quando você vir a Carla, _____.

20 - Eu espero que _____.

21 - Talvez _____.

22 - É importante que _____.

23 - Tomara que _____.

24 - Receio que _____.

25 - Duvido que _____.

26 - É bom que _____.

27 - Ontem eu _____.

28 - Semana passada nós _____.

29 - Ano passado eles _____.

30 - Mês passado você _____.

31 - Amanhã eu _____.

32 - Na próxima semana você _____.

Observe as frases abaixo:

Antes que - É bom que você saia antes que chova.
Antes de - É bom que você saia antes de chover.
O ideal é que você chegue antes que a festa comece.
O ideal é que você chegue antes da festa começar.
Eu não quero ir embora antes que o jogo termine.
Eu não quero ir embora antes do jogo terminar.

Até - Eu vou economizar até comprar uma casa.
Até que - Eu vou economizar até que eu compre uma casa.
Esta criança sempre chora até a mãe chegar.
Ela chora até que a mãe chegue.
Eu vou estudar até aprender tudo.
Eu vou estudar até que eu aprenda tudo.
Ela vai ficar na festa até a última pessoa sair.
Ela vai ficar na festa até que a última pessoa saia.
Ela ficou na festa até que a última pessoa saísse.

Sem - Eu passei por Eduardo sem ele me ver.
Sem que - Eu passei por Eduardo sem que ele me visse.
Ele saiu cedo do trabalho sem ter permissão.
Ele saiu cedo do trabalho sem que tivesse permissão.
Pedrinho não brinca sem terminar chorando.
Pedrinho não brinca sem que termine chorando.
Sem praticar, você não vencerá.
Sem que pratique, você não vencerá.

Logo que - Ele saiu da festa logo que eu cheguei.
Assim que - Ele saiu da festa assim que eu cheguei.
Logo que ele me viu, veio dançar comigo.
Assim que ele me viu, veio dançar comigo.
Eu vou à praia logo que o sol sair.
Eu vou à praia assim que o sol sair.
Eu vou me levantar logo que o despertador tocar.
Eu vou me levantar assim que o despertador tocar.

Quando - Quando eu tiver dinheiro, comprarei uma casa.
Quando você for a São Paulo, telefone para Diana.
Quando ela trouxer meu livro, eu lhe emprestarei.
Semana passada, quando eu fui ao supermercado, gastei
muito dinheiro.
Ontem, quando eu li o jornal, eu não vi a reportagem da Nara.

Forme frases usando:
Antes que, antes de, até que, até, sem, sem que, logo que, assim que,
quando

Português para Negócios

Abatimento   (rebate)

Adversário   (adversary)

Alugar   (to rent)

Ambição   (ambition)

Amostra   (sample)

Armazém   (warehouse)

Arquivo   (file)

Atacado   (wholesale)

Avaliação   (valuation, appaisal)

Aviso   (notice)

Balanço   (balance)

Beneficiário   (beneficiary)

Companhia   (company)

Contador   (accountant)

Devolução   (refund)

Emendar   (to amend)

Encargo   (assessment, charge, duty)

Encomenda   (order, purchase order)

Entrada   (down payment)

Entrega   (delivery)

Etiqueta   (price tag)

Expirar   (to expire)

Fatura   (invoice)

Folheto   (brochure)

Funcionário   (official, employee)

Fusão   (merger)

Gancho   (hook)

Ganhos   (gain)

Garantia   (warranty)

Herança   (inheritance)

Herdar   (to inherit from)

Herdeiro   (heir)

Hipoteca (mortgage)

Imposto (tax)

Invalidar (invalidate)

Lucro bruto (gross profit)

Mercadoria (merchandise)

Metas (goals)

Multa (fine, penalty)

Orçamento (estimate, budget)

Perda (loss)

Perfuração de petróleo (oil drilling)

Prestação (installment)

Processar (to sue)

Processo (lawsuit)

Produção (production)

Proprietário (owner)

Provisório (provisory, temporary, provisional)

Qualidade (quality)

Quantia (amount)

Quantidade (quantity)

Realçar (enhance)

Recíproca (reciprocal)

Reduzir (to reduce)

Regateio (bargaining)

Remuneração (remuneration, pay)

Rendimento (yield, income)

Revelação (disclosure)

Revelar (to disclose)

Salário (salary)

Tarefa (assignment, task, job, duty)

Tarifa (tariff, rate)

Transação (transaction)

Varejo (retail)

Vendável (saleable)

Complete com a palavra correta:

alugar, amostra, arquivo, avaliação, devolução, entrega, entrada, herança, sociedade, lucro, prejuízo, fusão, imposto, relatório, multa, meta, garantia, prestação, orçamento, reunião.

1 - John Lake chegou ao Brasil e _____ um apartamento.

2 - Silvia não pagou sua conta de luz no dia certo. Ela vai pagar com
_____ .

3 - A secretária de John é muito eficiente. Ela sempre tem o _____ bem organizado.

4 - John comprou muitos móveis para seu apartamento. Ele quer saber quando será feita a _____.

5 - Maria Luiza e Mônica abriram juntas uma loja de doces. Cada uma entrou com a metade das despesas. Elas abriram uma _____.

6 - A loja está vendendo muito. A loja está dando _____.

7 - Uma loja de presentes que fica ao lado da loja delas, está vendendo muito pouco, quase nada. A loja está dando _____.

8 - Muitas companhias estão se juntando. Quando terminam todas as negociações é feita a _____.

9 - Todos os anos devemos pagar _____ sobre o que recebemos naquele ano.

10 - Os funcionários sempre tem de fazer um _____ sobre seu trabalho, e enviá-lo para seu chefe.

11 - Célia está fazendo economias, porque ela tem uma _____, de comprar um apartamento num apart hotel.

12 - Quando compramos um computador, um carro ou uma geladeira, temos uma _____ de um ano.

13 - Nos Mercados, sempre dão alguma comida _____ . Se você prova e gosta, claro que você acaba comprando.

14 - A _____ do carro de Rosa vence daqui a uma semana. Ela precisa conseguir esta quantia até esta data.

15 - Os professores sempre fazem uma _____ de seus alunos no final do curso.

16 - Nos Estados Unidos quando compramos algo e guardamos o recibo, temos um tempo para _____.

17 - Preciso fazer obras no meu escritório. Antes chamo algumas companhias para fazer um _____.

18 - Está marcada uma _____ para segunda-feira, dia 12, ás duas horas. Todos os funcionários do grupo de Angola terão de participar.

19 - Cristina comprou um carro novo. Ela deu R$2.000,00 de _____ e pagará o restante em 12 prestações.

20 - Os pais de Manuel faleceram e deixaram para ele uma _____ no total valor de $700,000 dollares.

CARTA COMERCIAL

O **cabeçalho** de uma carta comercial é composto das iniciais do departamento que expediu a carta, local, data, referência, saudação.

- Escrever o local por extenso
- Vírgula depois do local
- Mês com letra minúscula
- O ano recebe ponto no final
- Saudação – Sr. João
- Antes dos nomes próprios não se usa senhor, e sim Sr.
- Ex: Senhor Diretor – Professor – Senhores – Sr. Carlos – Sr. Artur

Corpo da carta
- A mensagem deve ser digitada três linhas abaixo da saudação
- Introduções comuns
- Participamos-lhes que
- Solicitamos a V. Sas. a fineza
- Com referência à carta

Técnicas

- Parágragos curtos e sem muitos detalhes
- Falar o que se conhece bem
- Dividir as ações em partes
- Ter objetivo em mente
- Informar-se sobre os fatos
- Usar linguagem de fácil compreensão
- Prestar informações precisas e exatas

Para terminar uma carta comercial, as expressões mais comuns são:

- Atenciosamente
- Respeitosamente
- Saudações
- Cordialmente

Quando um ou mais documentos acompanham a correspondência, são chamados **"anexo".**
Se for um só, escreve-se: Anexo único
Se forem mais de um, escreve-se anexo 1, anexo 2,... anexo 9 e último.

À Atenção da Carta

Quando se quer que uma correspondência chegue às mãos de uma pessoa em particular, escreve-se:

À Atenção de...

Remetente

Coloca-se no verso do envelope:

Remetente: Artur Lopes
Rua das Flores, 25 – apt. 302
Ilha das Pedras
Rio de Janeiro

EXPRESSÕES QUE DEVEM SER SUBSTITUÍDAS

Acima citado	Citado
Anexo segue	Anexo
Agradecemos antecipadamente	Agradecemos
Durante o ano de 2005	Em 2005
No Estado de Minas Gerais	Em Minas Gerais
Queremos informar que	Informamos que
Queremos Solicitar que	Solicitamos

Rio de Janeiro, 23 de dezembro de 2002.

D.P. 45

Sr. Artur Rezende
Companhia G.C.

Senhor Empresário

Temos o prazer de comunicar-lhe que a partir de 27 de dezembro deste ano, estaremos em nossas novas instalações, situadas à Avenida das Flores, n° 310, em Belo Horizonte – MG. Aproveitamos também para enviar-lhe o nosso novo número de telefone: 678-6839141.

Estaremos oferecendo um coquetel no dia 27 de dezembro, às 19h, para os nossos clientes, a fim de que possamos celebrar juntos o final deste ano. A presença dos senhores será de grande importância para nós.

Atenciosamente

Carlos Lopes
Diretor do Departamento Pessoal

Vocabulário de Negócios

obsoleto = antiquado, não se usa mais
expedir = despachar, remeter a seu destino
caução = garantia, segurança
recessão = redução
tangível = palpável
infringir = transgredir, violar
fraudulento = impostor
inferir = raciocinar, supor, tirar por conclusão
ata = resoluções escritas
eminente = alto, elevado
ratificar = confirmar
retificar = corrigir, emendar
orador = pessoa que faz discurso em público, quem fala bem

Una a coluna da esquerda de acordo com a da direita, com seus respectivos sinônimos:

1) caução	1) corrigir
2) tangível	2) resoluções escritas
3) obsoleto	3) violar
4) fraudulento	4) garantia
5) infringir	5) redução
6) eminente	6) palpável
7) ratificar	7) impostor
8) expedir	8) elevado
9) retificar	9) confirmar
10) recessão	10) antiquado
11) ata	11) despachar

A História da Língua Portuguesa

A língua portuguesa, que tem origem do latim, desenvolveu-se na costa oeste da Península Ibérica (atuais Portugal e região espanhola da Galícia). Na região central da Itália, o Lacio, era o local onde vivia um povo que falava o Latim. Nesta região foi fundada a cidade de Roma. Com a invasão romana da península, e até o século IX, a língua falada na região era uma variante do latim que constitui um estágio intermediário entre o latim vulgar e as línguas latinas modernas (português, castelhano, francês,etc.)

Durante o período de 409 D.C. a 711, povos de origem germânica instalaram-se na Península Ibérica. O efeito dessas migrações na língua falada pela população não foi uniforme, iniciando-se um processo de diferenciação regional. O rompimento definitivo da uniformidade lingüística da península irá ocorrer mais tarde, levando à formação de línguas bem diferenciadas. Algumas influências dessa época continuam no vocabulário do português moderno, em termos como roubar, guerrear e branco.

A partir de 711, com a invasão moura da Península Ibérica, o árabe é adotado como língua oficial nas regiões conquistadas, mas a população continua a falar o romance - nome dado à língua falada que nasceu da mistura das línguas anteriormentes citadas. Algumas contribuições dessa época ao vocabulário português são as palavras com a sílaba inicial al - corresponde ao árabe, como: alface, álgebra, alicate.

No período que vai do século IX ao XI, considerado uma época de transição, alguns termos portugueses aparecem nos textos em latim, mas o português (ou mais precisamente o seu antecessor, o galego-português) é essencialmente falado na Lusitânia.

Muitos lingüistas e intelectuais defendem a unidade lingüística do galego-português até a atualidade. Segundo esse ponto de vista, o galego e o português modernos seriam parte de um mesmo sistema lingüístico, com diferentes normas escritas (situação similar já existente entre o Brasil e Portugal, ou entre os Estados Unidos e a Inglaterra, onde algumas palavras têm ortografias diferentes). A posição oficial na Galiza, entretanto, é considerar o português e o galego como línguas autônomas, embora compartilhando algumas características.

Entre os séculos XIV e XVI, com a construção do império português, a língua portuguesa faz-se presente em várias regiões da Ásia, África e América, sofrendo influências locais (presentes na língua atual em termos como jangada, de origem malaia, e chá, de origem chinesa). Com o Renascimento, aumenta o número de italianismos e palavras eruditas de derivação grega, tornando o português mais complexo e maleável. O fim desse período de consolidação da língua (ou de utilização do Português arcaico) é marcado pela publicação do Cancioneiro Geral de Garcia de Resende, em 1516.

Nos séculos XIX e XX o vocabulário português recebe novas contribuições: surgem termos de origem grecolatina para designar os avanços tecnológicos da época (como automóvel e televisão) e termos técnicos em Inglês em ramos como as ciências médicas e a informática, (por exemplo, check-up e software).

O volume de novos termos estimula a criação de uma comissão composta por representantes dos países de língua portuguesa, em 1990, para uniformizar o vocabulário técnico e evitar o agravamento do fenômeno de introdução de termos diferentes para os mesmos objetos.

O mundo que fala português é avaliado hoje entre 170 e 210 milhões de pessoas. O português, oitava língua mais falada do planeta (terceira entre as línguas ocidentais, após o Inglês e o Castelhano), é a língua oficial em sete países: Angola, Brasil, Cabo Verde,Guiné Bissau, Moçambique, Portugal e São Tomé e Príncipe.

O português é uma das línguas oficiais da União Europeia desde 1986, quando da admissão de Portugal na instituição. Em razão dos acordos do Mercosul do qual o Brasil faz parte, o português será ensinado como língua estrangeira nos demais países que dele participam. Em 1994, é decidida a criação da Comunidade dos Países de Língua Portuguesa, que reunirá os países de língua oficial portuguesa com o propósito de uniformizar, espalhar e aumentar o intercâmbio cultural entre os países membros.

No início da colonização portuguesa no Brasil (a partir da descoberta em 1500), o Tupi (mais precisamente, o Tupinambá, uma língua indígena do litoral brasileiro da família tupi-guarani) foi usado como língua geral na colônia, ao lado do português, principalmente graças aos padres jesuítas que haviam estudado e espalhado a língua. Em 1757, a utilização do tupi foi proibida por uma Provisão Real; mas, a essa altura, já estava sendo suplantado pelo português em virtude da chegada de muitos imigrantes da metrópole.

Com a expulsão dos jesuítas em 1759, o português fixou-se definitivamente como o idioma do Brasil. Da língua indígena o português herdou palavras ligadas à flora e à fauna (abacaxi, mandioca, caju, tatu, piranha), bem como nomes próprios e geográficos.

A partir do fluxo de escravos trazidos da África, a língua falada na colônia recebeu novas contribuições. A influência africana no português do Brasil, que em alguns casos propagou-se também pela Europa, veio principalmente do iorubá, falado pelos negros vindos da Nigéria (vocabulário ligado à religião e a cozinha afrobrasileiras), e do quimbundo angolano (palavras como caçula, moleque e samba).

Após a independência (1822), o português falado no Brasil sofreu influências de imigrantes europeus que se instalaram no centro e sul do país. Isso explica certas diferenças de pronúncia e algumas mudanças superficiais de léxico que existem entre as regiões do Brasil, que variam de acordo com o fluxo migratório que cada uma recebeu.

No século XX, a distância entre as variantes portuguesa e brasileira do português aumentou em razão dos avanços tecnológicos do período: não existindo um procedimento unificado para a incorporação de novos termos à língua, certas palavras passaram a ter formas diferentes nos dois países (comboio e trem, autocarro e ônibus, pedágio e portagem).

Verbos irregulares

Dar

Pres. Ind.:	dou, dás, dá, damos, dais, dão
Pret. Perf. Ind.:	dei, deste, deu, demos, destes, deram
M.-que-Perf. Ind.:	dera, deras, dera, déramos, déreis, deram
Fut. Pres.:	darei, darás, dará, daremos, dareis, darão
Fut. Pret.:	daria, darias, daria, daríamos, darieis, dariam
Pres. Subj.:	dê, dês, dê, demos, deis, dêem
Pret.Imperf. Subj.:	desse, desses, desse, déssemos, désseis, dessem
Fut. Subj.:	der, deres , der, dermos , derem
Gerundio:	dando
Part. Passado:	dado

Estar

Pres. Ind:	estou, estás, está, estamos, estais, estão
Pret. Perf. Ind.:	estive, estiveste, esteve, estivemos, estivestes, estiveram
Pret. Imp. Ind.:	estava, estavas, estava, estávamos, estáveis, estavam
M.-que-Perf. Ind:	estivera, estiveras, estivera, estivéramos, estivéreis, estiveram
Fut. Pres.:	estarei, estarás, estará, estaremos, estareis, estarão
Fut. Pret.:	estaria, estarias, estaria, estaríamos, estaríes, estariam
Pres. Subj.:	esteja, estejas, esteja, estejamos, estejais, estejam
Pret. Imp. subj.:	estivesse, estivesses, estivesse, estivéssemos, estivésseis, estivessem
Fut. Subj.:	estiver, estiveres, estiver, estivermos, estiverdes, estiverem

Caber

Pres.Ind.:	caibo, cabes, cabe, cabemos, cabeis, cabem
Pret. Perf. Ind.:	coube, coubeste, coube, coubemos, coubestes, couberam
M.-q.-Perf. Ind.:	coubera, couberas, coubera, coubéramos, coubéreis, couberam
Fut. Ind.:	caberei, caberás, caberá, caberemos, cabereis, caberão
Pres. Subj.:	caiba, caibas, caiba, caibamos, caibais, caibam
Pret. Imp. Subj.:	coubesse, coubesses, coubesse, coubessémos, coubésseis, coubessem
Fut. Subj.:	couber, couberes, couber, coubermos, couberdes, couberem

Crer

Pres. Ind.:	creio, crês, crê, cremos, credes, crêem
Pret. Perf. Ind.:	cri, creste, creu, cremos, crestes, creram
Pres. Subj.:	creia, creias, creia, creiamos, creiais, creiam
Pret. Imp. subj.:	cresse, cresses, cresse, crêssemos, crêsseis, cressem
Fut. Subj.:	crer, creres, crer, crermos, crerdes, crerem
Imperativo:	crê, crede
Participio:	crido

Dizer

Pres. Ind.:	digo, dizes, diz, dizemos, dizeis, dizem
Pret. Perf. Ind.:	disse, disseste, disse, dissemos, dissestes, disseram
M.-q.-Perf. Ind.:	dissera, disseras, dissera, disséramos, disséreis, disseram
Fut. Pres.:	direi, dirás, dirá, diremos, direis, dirão
Fut. Pret.:	diria, dirias, diria, diríamos, diríeis, diriam
Pres. Subj.:	diga, digas, diga, digamos, digais, digam
Pret. Imp. subj.	dissesse, dissesses, dissesse, disséssemos, dissésseis, dissessem
Fut. subj.	disser, disseres, disser, dissermos, disserdes, disserem
Participio:	dito

Fazer

Pres. Ind.:	faço, fazes, faz, fazemos, fazeis, fazem
Pret. Pref. Ind.:	fiz, fizeste, fez, fizemos, fizestes, fizeram
M-q-perf. Ind.:	fizera, fizeras, fizera, fizéramos, fizéreis, fizeram
Fut. Pres.:	farei, farás, fará, faremos, fareis, farão
Fut. Pret.:	faria, farias, faria, faríamos, faríeis, fariam
Pres. Subj.:	faça, faças, faça, façamos, façais, façam
Pret. Imp. Subj.:	fizesse, fizesses, fizesse, fizéssemos, fizésseis, fizessem
Fut. Subj.:	fizer, fizerdes, fizer, fizermos, fizerdes, fizerem
Particípio:	feito

Haver

Pres.Ind.:	hei, hás, há, havemos, haveis, hão
Pret. Perf. Ind.:	houve, houveste, houve, houvemos, houvestes, houveram
M-q-Perf. Ind.:	houvera, houveras, houvera, houvéramos, houvéreis, houveram
Pres. Subj.:	haja, hajas, haja, hajamos, hajais, hajam
Pret. Imp. Subj.:	houvesse, houvesses, houvesse, houvésemos, houvésseis, houvessem
Fut. Subj.:	houver, houveres, houver, houvermos, houverdes, houverem

Poder

Pres. Ind.:	posso, podes, pode, podemos, podeis, podem
Pret. Perf. Ind.:	Pude, pudeste, pôde, pudemos, pudestes, puderam
M.-q-Perf. Ind.:	pudera, puderas, pudera, pudéramos, pudéreis, puderam
Pres. Subj.:	possa, possas, possa, possamos, possais, possam
Pret. Imp. subj.:	pudesse, pudesses, pudesse, pudéssemos, pudésseis, pudessem
Fut. Subj.:	puder, puderes, puder, pudermos, puderdes, puderem

Querer

Pres. Ind.:	quero, queres, quer, queremos, quereis, querem
Pret. Perf. Ind.:	quis, quiseste, quis, quisemos, quisestes, quiseram
M.-q-Perf. Ind.:	quisera, quiseras, quisera, quiséramos, quiséreis, quiseram
Pres. Subj.	queira, queiras, queira, queiramos, queirais, queiram
Prest. Imp. Subj.:	quisesse, quisesses, quisesse, quiséssemos, quisésseis, quisessem
Fut. Subj.:	quiser, quiseres, quiser, quisermos, quiserdes, quiserem

Saber

Pres. Ind.	sei, sabes, sabe, sabemos, sabeis, sabem
Pret. Perf. Ind.	soube, soubeste, soube, soubemos, soubestes, souberam
M.-q-Perf. Ind.	soubera, souberas, soubera, soubéramos, soubéreis, souberam
Pres. Subj.	saiba, saibas, saiba, saibamos, saibais, saibam
Pret. Imp. Subj.:	soubesse, soubesses, soubesse, soubéssemos, soubésseis, soubessem
Fut. Subj.:	souber, souberes, souber, soubermos, souberdes, souberem
Gerundio:	sabendo

Ser

Pres. Ind.:	sou, és, é, somos, sois, são
Pret. Perf.Ind.:	fui, foste, foi, fomos, fostes, foram
Pret. Imp. Ind.:	era, eras, era, éramos, éreis, eram
M.-q-Perf. Ind.:	fora, foras, fora, fôramos, fôreis, foram
Pres. Subj.:	seja, sejas, seja, sejamos, sejais, sejam
Pret. Imp. Subj.:	fosse, fosses, fosse, fôssemos, fôsseis, fossem
Fut. Subj.:	for, fores, for, formos, fordes, forem
Gerúndio:	sendo

Ter

Pres. Ind.:	tenho, tens, tem, temos, tendes, têm
Pret. Perf. Ind.:	tive, tiveste, teve, tivemos, tivestes, tiveram
Pret. Imp. Ind.:	tinha, tinhas, tinha, tínhamos, tínheis, tinham
M.-q-Perf. Ind.:	tivera, tiveras, tivera, tivéramos, tivéreis, tiveram
Pres. Subj.:	tenha, tenhas, tenha, tenhamos, tenhais, tenham
Pret. Imp. Subj.:	tivesse, tivesses, tivesse, tivéssemos, tivésseis, tivessem
Fut. Subj.:	tiver, tiveres, tiver, tivermos, tiverdes, tiverem
Gerúndio:	tendo

Trazer

Pres. Ind.:	trago, trazes, traz, trazemos, trazeis, trazem
Pret. Perf. Ind.:	trouxe, trouxeste, trouxe, trouxemos, trouxestes, trouxeram
M.-q-perf. Ind.:	trouxera, trouxeras, trouxera, trouxéramos, trouxéreis, trouxeram
Fut. Pres. Ind.:	trarei, trarás, trará, traremos, trareis, trarão
Fut. pret. Ind.:	traria, trarias, traria, traríamos, traríeis, trariam
Pres. Subj.:	traga, tragas, traga, tragamos, tragais, tragam
Imp. Subj.:	trouxesse, trouxesses, trouxesse, trouxéssemos, trouxésseis, trouxessem
Fut. Subj.:	trouxer, trouxeres, trouxer, trouxérmos, trouxéreis, trouxerem
Gerúndio:	trazendo

Ver

Pres. Ind.:	vejo, vês, vê, vemos, vedes, vêem
Pret. Perf. Ind.	vi, viste, viu, vimos, vistes, viram
Pret. Imp. Ind.	via, vias, via, víamos, víeis, viam
M.-q-Perf. Ind.	vira, viras, vira, víramos, víreis, viram
Pres. Subj.:	veja, vejas, veja, vejamos, vejais, vejam
Imp. Subj.:	visse, visses, visse, víssemos, visseis, vissem
Fut. Subj.:	vir, vires, vir, virmos, virdes, virem
Gerúndio:	vendo

Cair

Pres. Ind.:	caio, cais, cai, caímos, caís, caem
Pret. Perf. Ind.:	caí, caíste, caiu, caímos, caístes, caíram
Pret. Imp. Ind.:.	caía, caías, caía, caíamos, caístes, caíram
M.-q.-perf. Ind.:	caíra, caíras, caíra, caíramos, caíreis, caíram
Fut. Pres. Ind.:	cairei, cairás, cairá, cairemos, caireis, cairam
Fut. Pret:	cairia, cairias, cairias, cairíamos, cairíeis, cairiam
Pres. Subj.:	caia, caias, caia, caiamos, caiais, caiam
Pret. Imp. Subj:	caísse, caísses, caísse, caíssemos, caísseis, caíssem
Fut. Subj.:	cair, caires, cair, cairmos, cairdes, caírem
Gerúndio:	caindo

Cobrir

Pres. Ind.:	cubro, cobres, cobre, cobrimos, cobris, cobrem
Pret. Perf. Ind.:	cobri, cobriste, cobriu, cobrimos, cobristes, cobriram
Pres. Subj.:	cubra, cubras, cubra, cubramos, cubrais, cubram

Ir

Pres. Ind.:	vou, vais, vai, vamos, ides, vão
Pret. Perf. Ind.:	fui, foste, foi, fomos, fostes, foram
Pret. Imp. Ind.:	ia, ias, ia, íamos, íeis, iam
M.-q.-.Perf. Ind.:	fora, foras, fora, fôramos, fôreis, foram
Fut. Pres. Ind.:	irei, irás, irá, iremos, ireis, irão
Pres. Subj.:	Vá, vás, vá, vamos, vades, vão
Pret. Imp. Subj.:	fosse, fosses, fosse, fôssemos, fôsseis, fossem
Fut. Subj.:	for, fores, for, formos, fordes, forem
Gerundio:	indo

Medir

Pres. Ind.:	meço, medes, mede, medimos, medis, medem
Pres. Subj.:	meça, meças, meça, meçamos, meçais, meçam

Mentir

Pres. Ind.:	minto, mentes, mente, mentimos, mentis, mentem
Pres. Subj.:	minta, mintas, minta, mintamos, mintais, mintam

Ouvir

Pres. Ind:	ouço, ouves, ouve, ouvimos, ouvis, ouvem
Pres. Subj:	ouça, ouças, ouças, ouçamos, ouçais, ouçam

Pedir

Pres. Ind.:	Peço, pedes, pede, pedimos, pedis, pedem
Pret. Perf.Ind.:	pedi, pediste, pediu, pedimos, pedistes, pediram
Pres. Subj.:	peça , peças, peça, peçamos, peçais, peçam
Gerúndio:	pedindo

Rir

Pres. Ind.:	rio, ris, ri, rimos, rides, riem
Pret. Perf. Ind.	ri, riste, riu, rimos, ristes, riram
Pret. Imp. Ind.:	ria, rias, ria, ríamos, ríeis, riam
Part.:	rido
Gerundio:	rindo

Vir

Pres. Ind.:	venho, vens, vem, vimos, vindes, vêm
Pret. Perf. Ind.:	vim, vieste, veio, viemos, viestes, vieram
Pret. Imp. Ind.:	vinha, vinhas, vinha, vínhamos, vínheis, vinham
Fut. Pres. Ind.:	virei, virás, virá, viremos, vireis, virão
Fut. Pret. Ind.:	viria, virias, viria, viríamos, viríeis, viriam
Pres. Subj.:	venha, venhas, venha, venhamos, venhais, venham
Fut. Subj. :	vier, vieres, vier, viermos, vierdes, vierem
Gerundio:	vindo

CD

GRAVAÇÃO

REPITA:

Um livro	uma cadeira
Um rádio	uma mesa
Um lápis	uma chave
Um papel	uma televisão
Um computador	uma caneta
Um carro	uma régua
Um avião	uma casa
Um gato	uma faca
Um cachorro	uma garrafa
Um copo	uma lata
Um telefone	uma caixa
Um sofá	uma menina
Um menino	uma mulher
Um homem	uma criança

ESCUTE AS RESPOSTAS NA AFIRMATIVA:

É um cachorro? Sim, é um cachorro.

É um gato?   Sim, é um gato.

É um rádio?   Sim, é um rádio.

É uma caneta?   Sim, é uma caneta.

É um copo?   Sim, é um copo.

AGORA VOCÊ RESPONDA NA AFIRMATIVA:

É um cachorro?
É um gato? Etc.

ESCUTE AS RESPOSTAS NA NEGATIVA:

É um livro?   Não, não é um livro.

É uma cadeira?   Não, não é uma cadeira.

É um lápis?   Não, não é um lápis.

É um avião?   Não, não é um avião.

É uma chave?   Não, não é uma chave.

RESPONDA NA NEGATIVA:

É um livro?

É uma cadeira? Etc.

APRESENTAÇÕES
(formal)

Carlos - Bom dia, Ana!
Ana   - Bom dia, Senhor Carlos!
Carlos - Como vai você?
Ana   - Eu vou bem. E o Senhor?
Carlos - Eu vou muito bem, obrigado. Este é o Senhor Pedro.
Ana   - Muito prazer ,Sr. Pedro.
Pedro - Igualmente.

(informal)

Márcia - Oi José!
José   - Olá Marcia! Como está?
Márcia - Tudo bem, e você?
José   - Tudo legal! Márcia, esta é a Luzia.
Márcia - Oi, muito prazer!
Luiza   - O prazer é meu.

Bom Dia!
Boa Tarde!
Boa Noite!
Oi!
Tudo bem?
Até logo.
Até mais tarde.
Até outro dia.
Tchau.

- Oi! Tudo bem?
- Tudo bem!

VERBO SER – **REPITA**

Eu sou brasileira.

Você é americano.

Ele é italiano.

Ela é africana.

Nós somos americanos.

Eles são franceses.

Elas são mexicanas.

ESCUTE:

Você é brasileira?	Eu sou brasileira.
Você é argentino?	Eu não sou argentino.
Ela é americana?	Ela é americana.
Ele é mexicano?	Ele não é mexicano.
Nós somos italianos?	Nós não somos italianos.
Nós somos americanos?	Nós somos americanos.
Eles são colombianos?	Eles não são colombianos.
Eles são franceses?	Eles não são franceses.

VERBO ESTAR - **REPITA**:

Eu estou no Brasil.

Você está nos Estados Unidos.

Ele está na França.

Ela está na Espanha.

Nós estamos na Itália.

Eles estão na África.

Elas estão em Portugal.

ESCUTE:

Você está no Brasil?	Eu estou no Brasil.
Ele está na França?	Ele está na França.
Ela está nos Estados Unidos?	Ela está nos Estados Unidos
Você está na Itália?	Eu não estou na Itália.
Ela está na Espanha?	Ela não está na Espanha.

Nós estamos na China?	Nós não estamos na China.
Eles estão no Japão?	Eles não estão no Japão.
Nós estamos na África?	Nós não estamos na África.
Elas estão em Portugal?	Elas estão em Portugal.

ESCUTE:

Onde fica Veneza?	Fica na Itália.
Onde fica Barcelona?	Fica na Espanha.
Onde fica São Paulo?	Fica no Brasil.
Onde fica Lisboa?	Fica em Portugal.
Onde fica Angola?	Fica na África.
Onde fica o Texas?	Fica nos Estados Unidos.
Onde fica Moscou?	Fica na Rússia.
Onde fica Londres?	Fica na Inglaterra.

QUEM – ESCUTE

Quem é francesa ?	Brigite é francesa.
Quem está em Paris?	Brigite está em Paris.
Onde fica Paris?	Paris fica na França.
Quem é Teresa?	Eu sou Teresa.
Quem é do Rio de Janeiro?	Eu sou do Rio de Janeiro.
Quem está no Rio de Janeiro?	Eu estou no Rio de Janeiro.
Onde fica o Rio de Janeiro?	O Rio de janeiro fica no Brasil.

NÚMEROS

1 - um, uma	19 - dezenove
2 - dois, duas	20 - vinte
3 - três	21 - vinte e um
4 - quatro	22 - vinte e dois
5 - cinco	23 - vinte e três
6 - seis	24 - vinte e quatro
7 - sete	30 - trinta
8 - oito	40 - quarenta
9 - nove	50 - cinquenta
10 - dez	60 - sessenta
11 - onze	70 - setenta
12 - doze	80 - oitenta
13 - treze	90 - noventa
14 - quatorze	100 - cem
15 - quinze	101-cento e um
16 - dezesseis	115 - cento e quinze
17 - dezessete	140 - cento e quarenta
18 - dezoito	149 - cento e quarenta e nove
	150 – cento e cinquenta

100 - cem
200 - duzentos
300 - trezentos
400 - quatrocentos
500 - quinhentos
600 - seiscentos
700 - setecentos
800 - oitocentos
900 - novecentos
1000 - mil

PRONOMES POSSESSIVOS – **ESCUTE**

Meu/s	minha/s
Seu/s	sua/s
Nosso/s	nossa/s
Dele/s	dela/s

REPITA:

Meu carro	minha secretária
Meu cachorro	minha casa
Meu computador	minha caneta
Seu amigo	sua amiga
Seu marido	sua esposa
Seu escritório	sua mesa

Nossa casa, nossa planta, nosso cachorro, nosso apartamento ,a casa dele , a casa dela, o gato dele, o gato dela, o livro dele, o livro dela.

A FAMÍLIA – **ESCUTE**

Mary Lake é esposa de John Lake.

Jonh Lake é marido de Mary Lake. Eles são casados e têm 2 filhos: Júlia e Daniel. Mary é a mãe de Júlia e Daniel, e Jonh é o pai. Júlia é irmã de Daniel, e Daniel é irmão de Júlia. Daniel e Júlia não são casados, eles são solteiros.

VOCABULÁRIO - REPITA

filhos

filha -

filho –

irmão -

irmã -

pai -

mãe -

solteiro -

casado -

PRONOMES DEMONSTRATIVOS - ESCUTE

Esta casa é branca.

Estes livros são amarelos.

O que é isto?

Isto é uma caneta.

Esta caneta é de João.

Aquele restaurante é muito bom.

Aquela casa é muito grande.

Isto é uma garrafa. Esta garrafa é de vinho. Este vinho é muito bom.

O que é aquilo? Aquilo é um computador. Aquele computador é muito bom.

Célia mora nesta casa.

Mateus estuda nesta escola.

Carlos está naquela casa.

Artur está naquele restaurante.

CAPÍTULO 1

Escute

Sr. Lake mora em Dallas, no Texas, e trabalha numa companhia multinacional. Ele estuda português e sua família, também, porque eles vão para o Brasil. Todos gostam da idéia. Júlia e Daniel vão à aula de Português todos os dias à tarde, e o Sr. Lake e a Sra. Lake vão à noite. Eles estudam muito, e em casa só falam Português. O Sr. Lake escuta as fitas e escreve os exercícios no escritório. Eles também aprendem a dançar samba e fazem planos para a viagem ao Brasil.

AGORA REPITA

Você gosta de viajar?	Sim, eu gosto.
Você gosta de falar Português?	Sim, eu gosto.
Você gosta de escutar música?	Sim, eu gosto.
Você gosta de dormir cedo?	Não, eu não gosto.
Você gosta de dançar?	Não, eu não gosto.
Você gosta de correr?	Não, eu não gosto.

PREPOSIÇÕES: PARA, DE, DO, DA - **ESCUTE**

Eu viajo para Angola.

Eu viajo para Portugal.

Eu viajo para o Brasil.

Eu viajo para a França.

Eu vou para Portugal.

Eu vou para Angola.

Você vai para o Brasil.

Ele vai para a França.

Eu venho de Angola.

Eu venho de Portugal.

Eu venho do Brasil.

Eu venho da França.

Você vem da Inglaterra.

Ela vem da Espanha.

PODER, SABER, QUERER, VIR - **ESCUTE**

Você pode beber cinco margaritas?	Eu não posso.
Você pode ir a lua?	Eu não posso.
Marcos pode trabalhar aos domingos?	Ele pode.
Você sabe falar alemão?	Eu não sei.
Você sabe da reunião?	Eu sei.
Ela sabe de tudo?	Ela não sabe.
Ele sabe da verdade?	Ele sabe.
Você quer beber algo?	Eu quero.
Você quer comer agora?	Eu não quero.
Você quer mais vinho?	Eu quero.
Você vem de carro?	Eu venho.
Ela vem de trem?	Ela não vem de trem.
Você vem com sua irmã?	Eu venho com minha irmã.

NO TELEFONE

No Brasil

- Escritório do Sr. Lake, bom dia.
- O Sr. Lake está?
- No momento não está. Você quer deixar recado?
- Não, obrigado.

- Alô!
- De onde fala?
- Escritório do Sr. Lake.
- Posso falar com o Sr.Lake?
- Quem quer falar com ele?
- É o José da Silva.
- Um momento, por favor.

- Alô!
- A Júlia está?
- E ela mesma.
- Júlia, é a Ana.
- Oi Ana, como vai?
- Tudo bem! Júlia vamos à praia?
- Boa idéia. Vamos em Ipanema?
- Vamos. Então nos encontramos lá.
- Está bem. Até logo.
- Até logo.

Em Portugal

- Estou sim?
- Está lá? É da casa de Célia?
- Aqui não mora nenhuma Célia.
- Desculpe. Foi engano.
- Não faz mal.

- Está lá?
- Está? A Teresa está?
- É a própria. Quem fala?
- É a Célia. Queres ir jantar comigo?
- Claro! Onde nos encontramos?
- No restaurante Natural às oito.
- Está bem. Até logo.
- Até logo.

CAPÍTULO 2 - ESCUTE

Vai haver um feriado na próxima semana, e o Jonh pensa em ir a Las Vegas.

Sr. Lake - Mary, vamos a Las Vegas nesse feriado?

Sra. Lake - John, eu não gosto porque eu sempre perco muito dinheiro.

Sr. Lake - Mas você não precisa gastar muito .

Sra. Lake - O pouco dinheiro que levo, eu sempre perco, não ganho nunca.

Sr. Lake - Eu às vezes ganho um pouco, e você não **vai precisar** jogar, vamos para descansar. Em pouco tempo nós **vamos viajar** para o Brasil e **vamos ficar** muito tempo sem ir a Las Vegas.

Sra.Lake - O que eu gosto em Las Vegas são aqueles jantares à meia-noite nos cassinos, que servem filé e lagosta pelo preço de um sanduíche.

Sr. Lake - Eu vou comprar as passagens, tá?

Sra. Lake - Está bem!

ESCUTE:

Eu estudo Português -	Amanhã eu vou estudar Português.
Você viaja para o Brasil.	Amanhã você vai viajar para o Brasil.
Nós descansamos muito.	Amanhã nós vamos descansar muito.
Eu ganho a corrida.	Amanhã eu vou ganhar a corrida.
Ela bebe água.	Amanhã ela vai beber água.

Diferenças entre Brasil e Portugal - **ESCUTE**

Brasil	Portugal
banheiro	casa/quarto de banho
blue jeans	calça de ganga
café da manhã	pequeno almoço
cardápio	ementa, menu
fila	bicha
fita durex	fita cola
ônibus	autocarro
posto de gasolina	bomba de gasolina
presunto	fiambre
sanduíche	sandes
sorvete	gelado/ sorvete
trem	comboio

Atendendo o telefone em Portugal.

- Está lá?
- Estou.

CARRO NOVO – ESCUTE

A - Este é meu carro . Eu acabo de comprar.
B - É grande, e muito bonito. Este carro é novo?
A - Sim, é novo e confortável.
B - É caro?
A - Sim, é caro e muito rápido.
      Vamos dar uma volta?
B - Claro que sim.

Como é o carro?	Ele é grande.
Como é o carro?	Ele é bonito.
Como é o carro?	Ele é novo.
Como é o carro?	Ele é confortável.
Como é o carro?	Ele é caro.
Como é o carro?	Ele é rápido.

CAPÍTULO 3 - ESCUTE

GERÚNDIO

John Lake e sua família estão no aeroporto. Eles **estão indo** para o Brasil. Agora **eles estão entrando** no avião. **Estão viajando** de classe executiva. Júlia e Daniel **estão conversando**. O avião **está começando** a decolar. Agora a aeromoça **está servindo** o jantar. Júlia **está pensando** na nova vida no Brasil, e Daniel **está sentind**o saudades dos amigos em Dallas. John **está pensando** no seu novo trabalho no Rio de Janeiro, e Mary **está lendo** um livro. Agora eles **estão jantando** e estão muito cansados e com sono. Eles terminam de jantar e dormem. Quando acordam, já é de manhã, e a aeromoça **está servindo** o café da manhã.

O avião **está chegando** ao Rio de Janeiro. Eles **estão olhando** a paisagem pela janela e estão encantados com a beleza da cidade.

Todos os dias eu como.	Agora eu estou comendo.
Eu bebo água todos os dias.	Agora eu estou bebendo água.
John lê o jornal todos os dias.	Agora ele está lendo o jornal.
Eu almoço todos os dias.	Agora eu estou almoçando.

No Brasil	**Em Portugal**
Agora Daniel está estudando.	Agora Daniel está a estudar.
Agora Júlia está almoçando.	Agora Júlia está a almoçar.
Agora eu estou comendo.	Agora eu estou a comer.
Nós estamos tomando café da manhã.	Nós estamos a tomar o pequeno almoço.

Eu estou a beber

Tu estás a falar

Você, ele, ela está a jogar

Nós estamos a dançar

Vocês, eles, elas estão a correr

VERBOS SENTIR E SENTAR - REPITA

1 - Eu me SINTO bem.

2 - Eu me SENTO na cadeira.

3 - Ela SENTE frio.

4 - Ele SENTE calor.

5 - Ela SENTA no sofá.

6 - Nós SENTIMOS saudade.

7 - Nós SENTAMOS na primeira fila.

8 - Eu SINTO cheiro de flores.

9 - Eu não SINTO gosto.

10 - Ela SENTE muita raiva de mim.

CAPÍTULO 4

<u>NO AEROPORTO</u>

<u>ESCUTE</u>

Sr. Lake e sua família chegam ao aeroporto do Rio de Janeiro. Eles estão passando pela Alfândega.

- **Fiscal** - Bom dia, como vai?

- **John Lake** -Tudo bem.

- **Fiscal** - Visto de trabalho. Quanto tempo pretende ficar no Brasil?

- **John Lake** - Meu visto é de quatro anos.

- **Fiscal** - Vocês têm algum aparelho elétrico?

- **John Lake** - Sim, mas vêm de navio, com a lista de tudo e seus números de fabricação.

- **Fiscal -** E nestas malas? Nove malas!....

- **Mary Lake** -Nós somos quatro pessoas , e vamos ficar aqui por quatro anos. Claro, são muitas roupas, sapatos, etc.

- **Fiscal** - Está bem. Espero que gostem do Rio de Janeiro. A cidade é linda.

REPITA

- Desculpa, estou atrasado.
- Não tem importância.
- Você está me esperando há muito tempo?
- Não, há pouco tempo. A que horas vamos sair para jantar?
- Às 9h. Você está com muita fome?
- Não, está bom para mim.

QUANDO - ESCUTE

Quando você tem férias?	Eu tenho férias em fevereiro.
Quando você viaja?	Eu viajo daqui a dois dias.
Quando é o seu aniversário?	O meu aniversário é dia 9 de janeiro.
Quando você vai ao Brasil?	Eu vou em novembro.

A GENTE - ESCUTE

Onde vocês vão?	A gente vai à praia.
Vocês vão ao cinema?	Sim, a gente vai ao cinema.
Onde vocês moram?	A gente mora no Brasil.
Vocês bebem muita água?	A gente bebe muita água.

DAR – ESCUTE

Eu dou um lápis para você.	Eu lhe dou um lápis.
Você dá uma caneta para mim.	Você me dá uma caneta.
Ele dá flores a secretária.	Ele lhe dá flores.
Ela dá chocolate para nós.	Ela nos dá chocolate.
Eu dou aula para vocês.	Eu lhes dou aula.

ESCUTE

O Brasil é o maior país da América do Sul. Foi descoberto pelo português Pedro Alvares Cabral em 22 de abril de 1500. É o único país da Américas do Sul onde se fala Português.

São Paulo é a maior cidade do Brasil, e o Rio de Janeiro é a cidade mais bonita. Existem outras cidades bonitas, como Fortaleza (Ceará), Recife (Pernambuco), Salvador (Bahia), João Pessoa (Paraíba) e Maceió(Alagoas) .

O povo brasileiro é muito descontraído, alegre e hospitaleiro.

O Brasil é um país de clima tropical. A temperatura do país é variada. Nos Estados do Rio Grande do Sul, Santa Catarina, Paraná e São Paulo, o inverno é mais rigoroso. Indo para o Norte, não se faz muita distinção entre o inverno e verão.

MUITO, BASTANTE, MESMO - **ESCUTE**

Eu comprei muitas frutas e poucos vegetais.

Ela tem muitos amigos e poucas amigas.

Eu como muito.

Ela fala muito.

Ela é muito bonita.

Bastantes pessoas foram ao circo.

Elas falam bastante.

Elas comem bastante.

Ele mesmo construiu sua casa.

Elas mesmas fizeram todas as pesquisas.

Nós dirigimos o mesmo carro.

Nós gostamos da mesma casa.

- Eu ganhei na loteria!

- É mesmo!

CAPÍTULO 5

Na praia

Júlia - Bom dia!
José -   Oi Júlia, acordou cedo hoje?
Maria -   Ela caiu da cama.
Que tal irmos ao Maracanã à tarde?
José - Sem dúvida, hoje joga o Flamengo.
Júlia - Estou na dúvida se pego um cinema.
Maria - Ah! vamos sim. Olha, vou chamar o André.
Júlia -   Assim já fica melhor, afinal não sou flamenguista.
José - Hoje é Fla x Flu.
Júlia -   Não sou esportista.
Maria - Vou chamar o André. O que você acha da idéia?
À tarde,Júlia, toda vestida de Flamengo, (camiseta, boné, apito e bandeira) abraçada com André.

Júlia - Oi, gente, estamos prontos. Estou louca para ver o Fla x Flu, vai ser muito divertido.
André - Vamos para as arquibancadas do lado da torcida do Flamengo.

O jogo começa:

José - O jogo está difícil.
André - Tomara que o Flamengo faça um gol. Estou ficando nervoso.
Julia -   Maria, estou com vontade de tomar sorvete.
Maria -   Eu também, vamos lá comprar um?
André - Onde vocês vão?
Júlia - Vamos comprar sorvete.
André - Traz uma cerveja pra mim?

GOOOOOOOOOOOOOOOOLLLLLLLLLLLLLLLLLLLL

Muitos gritos, as bandeiras se agitam, André e José ficam tristes, pois o Fluminense fez um gol. Fluminense está ganhando de 1 x 0. Mas não demora muito e se ouve um outro GOOOOOOOOOOOOLLLLLLLLLLLL.
Desta vez foi o Flamengo.

José   - Eu sabia que o Fla não ia me decepcionar. Vamos Fla, mais um!!!!!!!!!!
André   - Mengo! Mengo! Mengo é campeão!!!!!!!!!! Vamos desempatar Mengo!!!

O jogo está 1 x 1 . Empate. Finalmente o Flamengo faz mais um gol, e ganha de 2 x1.

Júlia   - Vamos comemorar!!!
Maria   - Aonde vamos?
André   - Vamos tomar uma cerveja no Garota de Ipanema?
Todos   - Boa idéia!

DIÁLOGO
- Hum! Que sono! Boa Noite.
- Vou dormir também, estou cansada.
    bluuummmm
- O que é isso? Você ouviu algum barulho?
- Ouvi, será que alguém entrou em casa?
- Mas quem? Algum ladrão? Estou morrendo de medo.
- Por que você não vai ver?
- Eu? Por que eu?
- Por que alguém tem que ir, e não sou eu.
- Eu também não. Então ninguém vai.
- Precisamos ver. Então vamos os dois juntos.
- Está bem.
- Não estou vendo nada. É melhor acendermos a luz.
- Está certo. Tudo está em ordem,
- Olha ali, o vaso de flores está virado.
    Miaauu....
- Foi o gato!
- Ainda bem! Agora podemos dormir, estou com sono.

CAPÍTULO 6 - **ESCUTE**

No ano passado, o Sr. Lake foi à Espanha. Ele chegou em Madrid às 8 h. da manhã e passou todo o dia lá. À noite, pegou um trem para Barcelona. Pela manhã do dia seguinte, foi conversar com um empresário, e almoçaram juntos num bom restaurante, onde comeram uma paella de frutos do mar e beberam um bom vinho. O Sr. Lake fez um bom negócio com este empresário. Ao se despedirem, ele foi ver um pouco de artes, e decidiu ir à "Casa de Picasso". À noite, ele pegou outro trem e foi para Portugal. Em Lisboa, falou com outro empresário, e também almoçaram juntos, uma deliciosa bacalhoada. Resolveu muitas coisas por lá, e tirou dois dias para passear. Ele foi ao Castelo de S. Jorge, a Cascais, ao Estoril e a Belém, onde comeu os saborosos pastéis de Belém. Também foi assistir um fado. Ele fez todos os passeios sozinho e gostou muito da viagem. Sentiu saudades de sua família e então voltou para o Brasil.

REPITA:

- Ontem você fez ginástica?

- Sim, eu fiz.

- Você trouxe seu livro de Português?

- Sim, eu trouxe.

- Você disse a verdade?

- Eu disse quase toda a verdade.

- Ontem você esteve aqui?

- Não, eu não estive.

- Você teve aula de Português no domingo?

- Não, eu não tive.

- Você foi ao cinema no fim de semana?

- Eu fui.

- Como você veio para cá?

- Eu vim de carro.

- Quem você viu quando chegou aqui?

- Eu vi um homem alto.

- Você viu um avião?

- Eu não vi.

ESCUTE

Domingo passado eu acordei tarde, e depois fui à praia. Meu amigo Marcos também foi. Ele veio se encontrar comigo aqui em casa. Ele trouxe uma carne para fazermos um churrasco. Depois da praia, nós fizemos um pouco de ginástica, andamos de bicicleta,e depois ficamos com muita fome. Fomos para casa e preparamos um delicioso churrasco e uma deliciosa caipirinha. Às 11h, eu fui dormir. Na segunda – feira, acordei às 7h. Foi difícil me levantar, pois fiquei muito cansada com tudo que fiz no dia anterior, e acordei de ressaca!

Dias da semana – *REPITA*

Domingo

Segunda – feira

Terça – feira

Quarta – feira

Quinta – feira

Sexta – feira

Sábado

Meses do ano - REPITA

Janeiro, fevereiro, março, abril, maio, junho, julho, agosto, setembro, outubro, novembro, dezembro.

JÁ / AINDA NÃO

Você já terminou de ler o livro de Português?

Ainda não.

Você já fala muito bem o Português?

Ainda não.

Júlia já chegou?

Sim, ela já chegou.

Você já almoçou?

Ainda não.

Você já foi ao Brasil?

Sim, eu já fui.

Você já terminou a lição 13?

Ainda não

Você já visitou Paris?

Sim, já visitei.

Você já visitou Moscou?

Ainda não.

CAPÍTULO 7 - ESCUTE E REPITA

EMPRÉSTIMO

Faz um ano que o Sr. Lake abriu uma conta num banco. Ele vai conversar com o gerente porque quer comprar um apartamento e precisa de um empréstimo.

Gerente - Bom dia! Em que posso lhe ajudar?
Sr. Lake - Eu quero comprar um apartamento e preciso de um empréstimo.
  Não posso pagá-lo à vista.
Gerente - Pois não. Quanto o Sr. precisa?
Sr. Lake - Preciso de R$600.000,00
Gerente - Tudo isso? É muito dinheiro.
Sr. Lake - Eu tenho R$250.000,00 para dar de entrada, e preciso financiar o resto.

Gerente - Vou ver seu saldo médio.
  (cinco minutos depois)
  Bem, o Sr. tem um bom saldo médio. Deve demorar umas duas semanas, está bem?
Sr. Lake - Sim, eu espero. Qual a taxa de juros?
Gerente - Os juros são 10%. O Sr. tem que preencher estes formulários.
Sr. Lake - Esta certo. Levarei–os para casa, e os trarei amanhã. Foi um prazer conhecê-lo.
Gerente - O prazer foi meu.

REPITA

O Sr. Lake não tem todo o dinheiro para pagar o apartamento à vista.
Ele vai precisar pedir um empréstimo no banco.
Por esse empréstimo, ele pagará 9% de juros.
Ele tem R$250.000 para dar de entrada.
Quando ele veio para o Brasil, precisou de um visto de trabalho.
O amigo de John perdeu muito dinheiro com seus negócios. Ele teve um prejuízo muito grande.

CAPÍTULO 8

OURO PRETO - ESCUTE

A Independência do Brasil é comemorada no dia 7 de setembro. Neste dia é feriado. Daniel foi para Ouro Preto com uns amigos. Quando voltou, falou sobre sua viagem com sua família.

Daniel – Ouro Preto é uma cidade antiga. Tem muitas igrejas com muitas obras de arte do famoso artista Aleijadinho.
Júlia – É verdade que nesta cidade existem muitas ladeiras?
Daniel – Sim, quase todas as ruas são ladeiras. A cidade não é muito grande, mas é muito interessante. As igrejas e suas obras de arte. Algumas por dentro são revestidas de ouro.
Mary L. – Que interessante! John, a gente precisa conhecer esta cidade. Parece muito interessante...
Daniel – A comida mineira é muito boa. Em Minas Gerais come-se muitas verduras, frango,   carne de porco, linguiça, pão de queijo e broa de milho. As sobremesas são   deliciosas. Doce de mamão maduro e verde, doce de leite, doce de goiaba, e muitas   outras.
John L. – Isto é um perigo, pois a gente pode engordar muito.
Daniel – Caminhando pela cidade, subindo e descendo ladeiras, queima-se muitas calorias.
Júlia - Eu também quero ir.

REPITA NO FEMININO:

1 - O marido dela é francês.

A esposa dele é francesa.

2 - O ator é muito bonito.

A atriz é muito bonita.

3 - O cantor é muito bom.

A cantora é muito boa.

4 - O pintor é famoso.

A pintora é famosa.

5 - O avô dele está aqui.

A avó dela está aqui.

CAPÍTULO 9

JÚLIA VAI AO MÉDICO - ESCUTE

No dia seguinte em que Júlia foi ao Maracanã com seus amigos, ela não se sentiu bem. Acordou com febre, muita tosse e dor de garganta. Ela acha que pegou uma gripe. Então decidiu ir ao médico.

No consultório, quando o médico tirou sua temperatura, ficou espantado, pois estava muito alta. Ele examinou sua garganta e notou que estava inflamada. Então, receitou-lhe vitamina C e repouso. Júlia voltou para casa e fez tudo que o médico mandou. Não foi à escola por dois dias, e logo em seguida ficou boa. Dois dias depois ela estava melhor.

Diálogos REPITA

-Vamos almoçar juntos hoje?

-Claro! Onde você quer ir?

-Que tal uma pizzaria?

-Ah! Não! Apesar da fome, eu prefiro comer alguma coisa leve. Estou de dieta.

-Ao invés de pizza, poderemos comer uma salada e um frango grelhado.

-Que tal o restaurante Natural?

-Boa idéia! Então vamos logo, pois estou morrendo de fome.

Roberto e José estão conversando.

R- Hoje é sexta-feira e feriado. Que bom! Depois de três semanas trabalhando direto, ando muito cansado.

J- O que você pretende fazer nesses três dias?

R- Poucas coisas. Quero ir à praia e também assistir a um bom filme.

J- Vamos jantar numa churrascaria rodízio num desses dias?

R- Boa idéia! Como você gosta da carne?

J- Eu gosto bem passada e às vezes ao ponto. E você?

R- Eu gosto mal passada. Então, eu ligo para você amanhã.

ESCUTE

Apesar de, ao invés de, além de, contanto.

A festa esteve muito boa. Além de muita comida havia muitas pessoas também. Apesar do som estar muito alto, as músicas foram bem selecionadas. João se ofereceu para me levar em casa, mas ao invés de ir com ele, eu fui com Pedro. Eu disse a Pedro que iria com ele contanto que ele não fosse tarde.

CAPÍTULO 10

HÁBITOS - **ESCUTE**

Márcia é modelo. Ela é alta e magra, cabelos castanhos e olhos verdes. Ela se veste elegantemente. Márcia só tem 20 anos, e já é muito famosa. Desfila muito bem. Todos os dias, quando se levanta ela toma um banho, se penteia, escova os dentes e toma café da manhã. Seu café da manhã sempre tem uma fruta, cereal com leite e um suco de laranja. No almoço, sempre come uma salada com uma carne, frango ou peixe, e no jantar, também uma salada ou uma sopa. Depois de cada refeição, escova os dentes muito bem.

Sempre se veste de acordo com o lugar onde vai. Tem uma pele muito fina e delicada. Ela se maqueia suavemente. Faz ginástica e dança três vezes por semana. Ela vai poucas vezes à praia, e quando vai, usa protetor solar. Márcia é muito bonita.

CAPÍTULO 11
VISITA AOS MUSEUS

Hoje é domingo, e a família Lake resolveu visitar os museus do Rio de Janeiro.

Pela manhã, tomaram café no Museu de Belas Artes, onde conheceram algumas telas do pintor Portinari, um mestre da arte moderna brasileira.

Antes do almoço, visitaram o Museu de Arte Moderna, onde havia uma exposição de fotografias sobre o Rio de Janeiro de 1862 a 1927. Fotos de Marc Ferrer, Augusto Malta e outros. Também gravuras e aquarelas de Debret, um francês que registrou o Brasil Colonial.

Finalmente, foram almoçar num tradicional restaurante na Praça XV, um local turístico do Rio antigo. De lá, se avista a Baía de Guanabara, os barcos e a ponte Rio-Niterói.

Realmente, foi um passeio muito agradável!

ADVÉRBIOS COM A TERMINAÇÃO MENTE

REPITA

Felizmente	infelizmente
Certamente	finalmente
Corretamente	suavemente
Elegantemente	facilmente
Simplesmente	naturalmente

"antes de" ou "depois de" ESCUTE:

Eu almoço DEPOIS DE tomar café da manhã.

1 – Eu me levanto ANTES DE tomar banho.

2 – Eu me visto ANTES DE sair de casa.

3 - Eu almoço ANTES DE jantar.

4 – Eu escovo os dentes DEPOIS DE levantar.

5 – Ele lê o jornal ANTES DE sair.

7 – Ela faz as malas ANTES DE viajar.

8 – Ela sai de casa DEPOIS DE se vestir.

9 – Nós assistimos TV DEPOIS do jantar.

10 – Eles dormem DEPOIS DO jantar.

11 – DEPOIS DO cinema, nós vamos jantar.

12 - DEPOIS DA praia, nós vamos à festa.

CAPÍTULO 12 - ESCUTE

John está muito impressionado com a maneira de ser dos cariocas. Ele gosta muito e gostaria de ficar um pouco parecido. Então conversa com seu amigo Artur, e pede alguns conselhos.

John - Artur, preciso de saber algumas coisas sobre o povo brasileiro e sobre os cariocas.

Artur - Pois não. O que você quer saber?

John - Eu gosto muito da maneira de ser do povo brasileiro, e principalmente dos cariocas. Gostaria de ser um pouco como eles. O que devo fazer?

Artur ri, e começa a explicar-lhe algumas coisas.

Artur - Em primeiro lugar, vá à praia todos os dias. Fique bem bronzeado. Freqüente uma academia de ginástica ou corra na praia . (o carioca se preocupa muito com o corpo, não gosta de ficar barrigudo). Compre novas camisas que não sejam muito floridas. Não use gravatas coloridas. Apresente-se como John Lake ou John, mas nunca como Lake. Aprenda o significado da palavra " jeito" , "dar um jeito" , ou" um jeitinho".

John - O que significa dar um jeito?

Artur - Dar um jeito é arrumar uma outra maneira de resolver um problema.

John - Como arrumarei tempo para me bronzear e correr na praia todos os dias? Eu tenho que trabalhar! Tenho uma família! Como farei?

Artur - Ah! Aí é que está. Para ser um bom brasileiro e carioca, você tem que dar um jeitinho. Não se preocupe com o horário, e nem em fazer fortunas para a aposentadoria.

John - Continue falando. Estou anotando tudo e tentarei começar pelo mais fácil.

Artur - Você já viu um carioca jantar às 6h?

John - Não, eles jantam tarde, não é? Quando eu vou jantar fora com minha família, os restaurantes estão sempre vazios.

Artur - A que horas você vai?

John - Às 6h.

Artur - Para ser um carioca, não saia de casa antes das 9h. E ainda é cedo.

John - Mas nós sentimos fome cedo!

Artur - Então almoce mais tarde, ou você nunca será um carioca. Quando você dirigir seu   carro à noite, não pare no sinal vermelho.

John - Por quê?

Artur - Você quer ser assaltado?

Agora , fale-me de sua esposa. Ela é gorda, magra? ...

John - Ela não é gorda nem magra, é normal.

Artur - Então, dê para ela um biquine de presente.

John - Ela não vai querer usar.

Artur - Insista. Não deixe ela usar um maiô muito grande. Se for cavado e decotado, tudo bem. Ela também deverá fazer ginástica.

John - Continue. O que mais?

Artur - Quando você encontrar com um amigo ou uma amiga na rua, convide-o para um cafezinho. Depois das refeições, peça um cafezinho. No trabalho, de vez enquando, de uma pausa para um cafezinho. Isso faz parte da vida do povo brasileiro.

John - Eu tomava pouco café, mas agora tenho tomado bem mais, porque sempre alguém me chama para um cafezinho. Até num dia de verão muito quente.

Artur - Você já aprendeu a dançar samba?

John - Ah! Isso sim. Eu e minha família aprendemos em Dallas, antes de virmos para o   Rio.

Artur - Você já foi a um boteco?

John - O que é um boteco?

Artur - Boteco é o mesmo que um botequim. É um bar muito pequeno, com apenas duas ou três mesas. Normalmente, as pessoas ficam em pé, e tomam um cafezinho, um chope, uma cachaça ou um refrigerante. Também pode-se comer um ovo cozido, uma coxinha de galinha ou até um pão com manteiga.

John - Eu já fui com um amigo tomar um cafezinho, mas eu não gostei, achei um pouco estranho.

Artur - Mas ser carioca é parar num botequim para tomar ou comer alguma coisa, quando se está com pressa. E você já foi ao Maracanã?

John - Fui, e adorei. Eu assisti o Fla x Flu.

Artur - Para que time você torceu?

John - Eu não tenho time.

Artur - Então escolha um. Você já viu um carioca sem time para torcer?

O que você fez depois do jogo?

John - Fui para casa.

Artur - Mas um carioca sai do Maracanã e vai a um bar tomar uma cervejinha para comemorar a vitória ou a derrota do seu time.

John - Mas era domingo, eu tinha que ir para casa, pois não queria dormir tarde. No dia   seguinte, tinha de trabalhar.

Artur - Não se preocupe tanto com o dia seguinte. O amanhã será outro dia.

John - Obrigado Artur. Anotei tudo que você me falou. Vou praticar pouco a pouco. Depois você me explica o resto. Quem sabe, pegarei um pouco do jeito carioca?

Artur - Não se esqueça de comer feijoada aos sábados à tarde, e tomar uma caipirinha.

Mas lembre-se: tem de ser aos sábados

DEVER - **ESCUTE**

Eu devo ir ao médico, porque não estou me sentindo bem.

Meu carro está muito velho. Eu devo comprar um novo.

Você deve ir ao dentista de seis em seis meses.

Eu devo muito dinheiro ao banco.

Ela me deve muito dinheiro.

Achar no sentido de pensar. ESCUTE

Você acha que vai chover hoje?
Eu acho que não.

O que você acha deste restaurante?
Eu acho muito bom.

Você acha que o Flamengo vai ganhar o jogo?
Eu acho que não. O time está muito fraco.

O que John acha dos brasileiros?
John acha os brasileiros pessoas muito alegres.

O que você acha do Brasil?
Eu acho um país muito grande.

O que você acha do John?
Eu acho ele muito simpático.

Agora responda:

O que você acha da cidade onde você mora?

ESCUTE:

João está em casa assistindo televisão quando a campanhia toca:

J - Quem é?

L - Sou eu, Laura.

J - **Entre**, a porta está aberta.

L - Não consigo abri-la.

J - **Empurre**-a com força.

Laura consegue abrir a porta e entra.

J - Você aceita uma cerveja?

L - É uma boa.... João, eu consegui um novo emprego.

J - Que legal, melhor do que o atual?

L - Sim, muito melhor.

J - Que barato! Precisamos comemorar, mais uma cerveja?

L - Obrigada, já é suficiente para mim. Só vim aqui lhe dar a noticia e agora tenho que ir embora.

J - Boa sorte no novo emprego.

L - Obrigada.

J - Desculpe-me por não levá-la até a porta.

L - Não estou conseguindo abrir a porta.

J - **Puxe**-a com força.

L - OK! Consegui. Tchau!

IMPERATIVO - **REPITA**

Por favor, chegue cedo amanhã.   Por favor, abra a porta.

Por favor, escreva-me.   Por favor, fale mais alto.

Por favor, seja pontual.   Por favor, traga-me um copo d'água.

Venha cá.   Vá ao Banco para mim, por favor.

REPITA

Eu posso falar Português e você pode falar Inglês.

Eu peço um cigarro e você pede o fósforo.

Eu perco as chaves e você perde dinheiro.

Eu ouço música clássica e você ouve samba.

Eu me despeço de John e você se despede de Mary.

Eu faço a sobremesa e você faz o churrasco.

Eu durmo cedo e você dorme tarde.

Eu meço a sala e você mede o quarto.

CAPÍTULO 13 - ESCUTE

Há um ano, o Sr. Lake **vivia** nos Estados Unidos. Ele **morava** em Dallas e **trabalhava** na mesma companhia em que hoje trabalha no Brasil. Ele e a Sra. Lake se conheceram na universidade. O Sr. Lake **jogava** basquete e a Sra Lake **era** "cheerleader". Eles **gostavam** de participar de todos os jogos da universidade. Eles se casaram quando se formaram. Tiveram dois filhos: Júlia e Daniel. Júlia **nadava** pela escola e Daniel **tocava** violino na orquestra. O Sr. e a Sra. Lake **iam** aos concertos de Daniel e às competições de Júlia. Eles **aplaudiam, torciam** muito e **gritavam.**

Hoje no Brasil, seu filho não toca mais violino nem Júlia faz natação. Agora Daniel joga futebol e Júlia dança e faz ginástica de academia. Seus pais não vão aos jogos de Dan nem às danças de Ju. Eles gostam de ir ao Maracanã assistir Flamengo e Fluminense, e também vão à praia.

REPITA NO IMPERFEITO:

Ex. Eu jogo cartas.
Antigamente eu jogava cartas.

O Sr. Lake mora em Dallas.
Antigamente o sr. Lake morava em Dallas.

Daniel toca violino.
Antigamente Daniel tocava violino.

Júlia tem muitos amigos.
Antigamente Júlia tinha muitos amigos.

Eles assistem aos jogos.
Antigamente eles assistiam aos jogos.

Sr. Lake vai ao Maracanã.
Antigamente Sr. Lake ia ao Maracanã.

Júlia nada muito bem.
Antigamente Júlia nadava muito bem.

Ele é importante.
Antigamente ele era importante.

Capítulo 14

Na Butique - ESCUTE

É dezembro, mês de Natal e Ano Novo. Será a primeira passagem de ano que a família Lake passará no Brasil. Eles irão à praia e depois a uma festa na casa de uma amiga de Júlia que mora em frente à praia de Copacabana.Como de costume no Brasil, as pessoas entram o Ano Novo vestidas de branco, vão à praia assistir aos fogos de artifícios, molham os pés na água do mar e fazem um pedido a Yemanjá, que é a Deusa do mar.
Júlia quer usar um vestido branco, então ela vai com sua mãe a uma butique em Ipanema.
Vendedora - Em que posso lhe ajudar?
Júlia - Eu gostaria de experimentar aquele vestido branco.
Vendedora - Qual é o seu tamanho?
Júlia - Acho que é 38.
Vendedora - Aqui está. Pode experimentá-lo nesta cabine.
Júlia entra na cabine para experimentar o vestido.
Júlia - Moça, você tem um número menor? Este está um pouco comprido, precisará fazer bainha.
Vendedora - Tenho, vou pegá-lo para você.
Júlia experimenta o outro vestido e chama a vendedora.
Júlia - Este está um pouco apertado,vou ficar com o outro, mas vou perguntar a minha

mãe se ela pode fazer a bainha.   Mãe ..., você pode fazer a bainha deste vestido pra mim?

Mary - Aqui na loja não fazem?

Vendedora – Nós fazemos, mas só ficará pronto em uma semana, porque temos muito trabalho.

Mary - Uma semana é muito. Está bem, eu faço. Júlia, você gostou mesmo do vestido? Aqui não é como nos Estados Unidos, que depois você muda de idéia e volta para trocar.

Júlia - Eu gostei muito. É esse o vestido que eu quero para a noite de Ano Novo.

Mary - Está bem. Quanto custa?

Vendedora – R$ 500,00 (quinhentos reais)

Mary - Puxa! É muito caro. Jú, você não quer um mais barato?

Júlia - Não, eu gostei deste.

Mary - Está bem, eu vou pagar.

REPITA NO FUTURO DO INDICATIVO:

No próximo Ano Novo, a família Lake irá à praia.

Júlia vai sempre à loja.
Amanhã ela irá à loja.

Júlia compra um vestido novo.
Amanhã Júlia comprará um vestido novo.

Mary faz a bainha do vestido.
Amanhã Mary fará a bainha do vestido.

John vai à festa também.
Amanhã John irá à festa também.

Eu sempre venho aqui .
Amanhã eu virei aqui.

Ele sempre dá flores à esposa.
Amanhã ele dará flores à esposa.

CAPÍTULO 15

ANIVERSÁRIO - ESCUTE

Ontem foi dia 9 de Janeiro. Dia do aniversário de Daniel. Ele completou 18 anos. Daniel é mais velho que Júlia dois anos.

Seus pais lhe perguntaram se ele **gostaria** de dar uma festa, mas Daniel disse que não, pois preferia viajar. Ele disse aos seus pais que **gostaria** de conhecer o Sul do país. Já ouviu falar dos famosos chocolates de Gramado, e tinha vontade de ir até lá. Então, seus pais concordaram em lhe dar esse presente.

Além da viagem, seus pais lhe deram um relógio muito bonito.

À noite, Daniel marcou um encontro com seus amigos numa pizzaria do Leblon.

Quando chegou lá, Júlia e seus amigos haviam preparado uma festa surpresa.

Os garçons cantaram:

Parabéns pra você

Nesta data querida
Muitas felicidades
Muitos anos de vida!

Futuro do Presente e Condicional: **ESCUTE**

Eu irei – eu iria
Eu terei – eu teria
Eu serei – eu seria
Ele será – ele seria
Nós estaremos – nós estaríamos
Eles comprarão – eles comprariam
Ela virá – ela viria
Eu trarei – eu traria
Nós diremos – diríamos
Elas poderão –elas poderiam
Você poderá – você poderia

COMPOSTO – CAPÍTULO 16 - ESCUTE:

Ultimamente o Sr. Lake **tem trabalhado** muito. A Sra. Lake está bronzeada porque é verão e ela **tem ido** muito à praia. Todos os fins de semana, Júlia vai à discoteca. Ela **tem dançado** muito. Daniel não gosta de dançar, prefere viajar nos fins de semana. Ele já foi a Petrópolis, Teresópolis, Cabo Frio, Búzios, Friburgo, Itaipava. Ele **tem viajado** bastante.
Eles estão gostando muito de morar no Rio de Janeiro. Gostam da comida, das bebidas, dos passeios, das pessoas e do clima. Eles **têm comido** muita feijoada e **têm bebido** caipirinha.
No café da manhã, Júlia gosta de comer um queijo quente e tomar uma laranjada, mas Daniel prefere um misto-quente. Eles **têm almoçado** separados, mas **têm jantado** juntos.

REPITA:

1 - Você tem estudado Português? Sim, eu tenho estudado Português.

2 - Você tem trabalhado muito? Eu tenho trabalhado muito.

3 - Você tem saído nos fins de semana? Eu tenho saído nos fins de semana.

4 - O que você tem feito nos fins de semana? Eu tenho ido ao cinema.

5 - Você tem gasto muito dinheiro? Eu não tenho gasto muito.

6 - Você tem visto seus amigos? Eu não tenho visto meus amigos.

7 - Você tem aberto seu livro de Português? Eu tenho aberto meu livro de Português.

MAIS-QUE PERFEITO COMPOSTO - ESCUTE

1 - Quando o Sr. Lake chegou em casa, a Sra. Lake já TINHA CHEGADO.
2 - O filme que você assistiu, eu já TINHA ASSISTIDO.
3 - Quando Júlia chegou, seus pais já TINHAM JANTADO.
4 - Quando John e Mary foram a Ouro Preto, Daniel já TINHA IDO.
5 - Quando Júlia foi à festa de Ano Novo, ela já TINHA COMPRADO um vestido novo.
6 - Quando você me telefonou, eu já TINHA SAÍDO.
7 - Quando Cabral descobriu o Brasil, Colombo já TINHA DESCOBERTO a América.
8 - Quando Maria chegou, nós já TÍNHAMOS ALMOÇADO.

CAPÍTULO 17 – PRESENTE DO SUBJUNTIVO

REPITA

Talvez eu viaje a Paris.

Espero que você consiga o trabalho.

Tomara que ela compre logo a casa.

É importante que nós falemos com eles.

Talvez eu venda meu carro.

É bom que ele abra as janelas do carro para entrar um pouco de ar.

Talvez eu ligue para você amanhã.

Talvez eu vá à praia.

É bom que você seja pontual.

Talvez eu esteja aqui amanhã.

É importante que você queira aprender Português.

Talvez eu dê um presente para você.

Espero que ele nunca saiba da verdade.

Talvez eu faça uma feijoada no domingo.

Tomara que ele venha aqui amanhã e me traga um presente de aniversário.

Espero que amanhã faça sol.

É importante que ela veja aquele filme.

CAPÍTULO 18

O FERIADO - ESCUTE

Júlia e Daniel aproveitarão o feriado de 7 de setembro, Dia da Independência do Brasil, para fazerem um passeio exótico. **Se fizer** sol, eles irão com um amigo conhecer a Pedra Bonita, local onde as pessoas pulam de asa delta.

Carlos, amigo de Daniel, costuma praticar esse esporte. O local tem uma bonita vista, do alto de uma montanha, onde se vê a Praia do Pepino e a Pedra da Gávea. As asas coloridas sobrevoam as montanhas, cruzando o céu azul, e vão aterrissar nas areias da Praia do Pepino, em São Conrado.

Daniel acha lindo, quer fazer um vôo duplo e disse para Carlos que, **se ele não sentir** medo, se matriculará num curso.

Daniel fez o vôo duplo e não sentiu medo, então se matriculou num curso. Quando seus pais souberam, tentaram impedí-lo de iniciar o aprendizado, mas o professor explicou-lhes sobre a segurança que existe para quem pratica esse esporte. Explicou também que o homem sempre sonhou em voar como os pássaros, e esta será a oportunidade dele realizar esse sonho. John se animou e resolveu também fazer um vôo duplo.

FUTURO DO SUBJUNTIVO – **REPITA:**

Quando eu _for_ ao Brasil, _irei_ para o Rio de Janeiro.

Quando ele _souber_ da verdade, _ficará_ feliz.

Amanhã, quando você _vier_ para cá, _passe_ no banco para mim, por favor.

Se _chover_ amanhã, não _irei_ à praia.

Se _fizer_ bom tempo, _irei_ à praia no fim de semana.

Se eu _puder_ tirar férias no verão, _irei_ à Grécia.

Se eu _tiver_ dinheiro no próximo ano, _comprarei_ um carro novo.

Quando eu _comprar_ um carro novo, _escolherei_ um carro alemão.

IMPERFEITO DO SUBJUNTIVO - **REPITA**

Se ele chega**sse** cedo, nós i**ríamos** ao cinema.

Se eu fo**sse** você, não fa**ria** isso.

Se ela vi**sse** o que aconteceu, fica**ria** muito nervosa.

Se ela vie**sse** aqui hoje, eu fica**ria** muito feliz.

Se nós viaj**ássemos** juntos, nos diverti**ríamos** muito.

Se você fize**sse** um curso de Português, pode**ria** entender melhor.

Se eles fo**ssem** para o Brasil, **iriam** para o Rio de Janeiro.

ESCUTE:

TIVESSE + PARTICÍPIO   *TERIA + PARTICÍPIO*

Eu não comprei aquele restaurante.
Se eu **tivesse comprado**, **teria feito** ótimo negócio.

Márcia não foi à festa.
Se ela **tivesse ido**, **teria conhecido** André.

Márcia não conheceu André.
Se Márcia **tivesse conhecido** André, Júlia **teria** se **aborrecido.**

Você não chegou mais cedo.
Se você **tivesse chegado** mais cedo, eu **teria tido** tempo de terminar
seu trabalho.

Você comprou este carro.
Se você não **tivesse comprado** este carro, eu **teria** lhe **vendido** o meu.

CAPÍTULO 19

A DESPEDIDA

Já completaram quatro anos que a família Lake mora no Brasil. O contrato do Sr. Lake acabou, e ele terá de voltar para seu trabalho em Dallas.

Júlia não se conforma, pois está namorando André, e eles estão muito apaixonados. André promete que irá visitá-la assim que terminar a universidade, e quando conseguir um emprego, eles se casarão. Daniel também tem uma namorada, a Simone, e gosta muito dela. No verão, eles vão muito à praia, e ele já se acostumou com a vida descontraída dos brasileiros. Ele gosta de jogar futebol na praia, e está se questionando como fará tudo isso em Dallas.

Mary Lake fez muitas amizades e sente ter de deixá-las. Vai sentir falta das caminhadas no calçadão da Praia de Ipanema, com suas amigas da turma de ginástica de academia, dos jogos de futebol no Maracanã, de tomar água de coco, e de muitas coisas mais.

O Sr. Lake também sentirá muitas saudades da maneira de ser dos brasileiros, ainda mais que já pegou todo o jeito. Aprendeu a dar um jeitinho em tudo, até vai à praia todos os dias pegar um bronzeado. Não se preocupa tanto com o trabalho…

Sua esposa é que está com receio que haja problemas em seu trabalho em Dallas, por causa disso.

O aeroporto está cheio de amigos para se despedirem deles. Júlia chora muito, abraçada com André.

Daniel tem os olhos cheios de lágrimas, mas se controla.

Muito tristes, o Sr. e a Sra. Lake se despedem de todos.

A família Lake, antes de entrar no avião, agradece a todos os leitores, que acompanharam a sua estadia no Brasil, e espera que todos vocês tenham aprendido muito com este livro, a língua portuguesa e a maneira de ser do povo brasileiro.

A família Lake agradece a atenção de todos vocês, e deseja uma boa viagem ao Brasil, a Portugal, a Angola e para todos aqueles que estão aprendendo português com a finalidade de ir para lá trabalhar.

BOA VIAGEM!

618663